川人 博
Hiroshi Kawahito

過労自殺 第二版

Eurus Notus Zephyrus

岩波新書
1494

はじめに

岩波新書から『過労自殺』(初版)を出版したのは、一九九八年四月のことであった。

過労自殺とは、仕事による過労・ストレスが原因となって自殺に至ることを意味する。過労自殺は、過労死の一種であり、一九九〇年代バブル経済崩壊後に多く発生するようになった。「過労死一一〇番」などの活動を通じて職場の実態に接している私は、強い危機感をもち社会への警告の意味を込めて、初版を執筆した。

私の危惧は不幸な形で現実化した。

一九九八年に日本の自殺者数が、史上初めて三万人を超え、以来二〇一一年まで一四年連続で三万人を超える異常事態が続いた。二〇一二年、一三年にはいくぶん減少したものの、なお三万人近い犠牲者が発生している。なかでも憂慮すべきことは、「勤務問題」が原因・動機と思われる自殺が年間約二五〇〇人(内閣府統計)にも達していることである。平均すれば毎日約七人が、仕事上の過労・ストレスが原因・動機となって自殺していることになる。

とくに深刻なのは、二〇―三〇代の青年労働者の過労自殺である。きびしい就活を経て入社した若者が、つぎつぎと仕事上の過労・ストレスからうつ病など精神疾患に罹患《りかん》し、ついにはいのちを絶ってしまう。このような由々しい事態が業種・職種を問わず全国の職場で発生している。わが国の将来を担う若者の多くの悲しい死を前にして、私は日々暗澹《あんたん》たる気持ちになる。

本書(第二版)は、過労自殺をなくすために、初版以降の情勢の変化に対応し、初版をほぼ全面的に書き改めたものである。

第一章では、事例をすべて書き換え、私が直接裁判などを担当して調査を行った資料をもとに、若者を中心にした過労自殺の実態を具体的に示し、

第二章では、新しい統計・研究を組み込んで、過労自殺の特徴・原因・背景・歴史を考える。

第三章で、初版以降大きく変化してきた過労自殺と労災補償の関係を整理し、かつ、具体的な疑問に対して、Q&Aで分かりやすく説明する。

第四章で、過労死等防止対策推進法(略称・過労死防止法)など情勢の進展を踏まえ、過労自殺をなくすための提言を行う。

初版に続き、本書が多くの方々に読まれ、働く人々のいのちと健康を守るために少しでも貢献できることを期待してやまない。

目次

目　次

第一章　事例から

1　ミクシィの手記（ブログ）から

「願うことはただ一つ。５時間以上寝たい」
　　――二四歳・化学プラント工事監督者

「このまま生きていくのは死ぬより辛い」
　　――二七歳・システムエンジニア

若き工事監督者は、入社二年目に三八日間も連続して勤務し、真夏の工事現場で働き続けた。その結果、精神を病み自死に至った。若きシステムエンジニアは、二酸化炭素が充満する狭い作業室で、三三時間連続勤務など過酷な勤務が続き、うつ病になり過量服薬の末死亡した。

建設業・ＩＴ業などを中心にして、若い技術系労働者のいのちと健康がつぎつぎと奪われている。

２００８年４月25日23時34分
ご帰宅。

何とか帰ってこられました。

と言うか、何で合宿前合宿みたいに固い床で寝なくちゃならんのさ！

おかげで布団のありがたみと、日の出付近の寒さの厳しさと、寒いと人間風邪をひくというのが実証できた！

今日は上着じゃなくて布団をかけて寝れる……

二四時間勤務は、やはり厳しかった。

４月28日23時52分
休みたい、けども休めない。
明日も祝日だけどもバッチリ出社です。ハァ。
休みなのに休めないというのが心に一番クるんです。

5月11日22時51分
今日の日曜日でしばらくは休みが無いよ!!
うつ病チェックやったら「ややうつ傾向」の評価が出ちゃったよ!!

5月21日23時34分
集中力もなければ、先読みする力も無い。

何が優先で、何を後回しにすればいいのかが分からない。

これは監督業が向いてる云々より社会人として失格なのでは。

やめたい。

全てをやめたい。

相談できる相手が近所にいないのがダメなのかも。

千葉県で知り合いがいないからなぁ。

自信なくした。

退職願いの書き方をWEBで探して、いざ書こうとしても踏ん切りがつかない。

直上に相談しようにも、相談事があまりにも先輩の忙しさや苦しさに比べたらちっぽけなものだと思い、相談できず。

５月28日23時52分
た、多忙なのか？
つい先ほど帰ってきて、夕飯食べ終わって、寝て終了だ!!
やっぱり忙しいのか？
というか、人が足りん!!
仕事量∨人員のこの事務所
洗濯が夜遅くなるってのが我慢できん!!

６月14日２時22分
昼休みも仕事の段取りを考えなくては残業がモリモリと増えるだけ。
でも睡眠時間がなかなかに厳しい。気持ちが凹みっぱなしで熟睡できず、疲れが取れない。
疲れが取れない↓頭が働かない↓同じようなミス↓叱られて凹む↓寝れない↓疲れが取れない↓……

休日は八月ぐらいになんとかとれるかも。

6月22日23時22分

考えれば考えるほど深みにはまる。
と言うか休みが欲しぃ!!
はぁ……ため息をついてばかりいると言われちゃったし……
悩みを抱えても、相談する人がいないからまた厳しい。
かー……ホント、寝れん!
食べても食べても体重が減る一方ってどんなんだよ!
さ、今週もいつの間にか始まる。

7月20日22時27分

誰に、何を、どうやって相談すればいいのか分からんようになりました。
何が不安か、何が分からないか、それが漠然としていて、何が不安かと聞かれると、全部
不安で、何が分からないかと聞かれると、全部分からない。

もうダメかもしれんね。

仕事に集中が出来ん。

思うことは、生きていればこの先、良いことは必ずあるけども、良いことと悪いことの比率が1：100ぐらいだったらあんまり意味無いんじゃないかと。

良いこと起きる前に潰れてしまうわ！

てか、もう、結構、厳しいです。

7月21日12時36分
体力と精神の限界っ‼
休日出勤は一向にやる気が出ません！

7月25日3時41分
ただいま帰宅しましたよ。
ついさっきまで仕事してましたよ。
あと三時間半後には出社ですよ。

どうでも良くなったよ。
考えても考えても、今の状況を打開することが厳しい。
労基うんぬん言ってもどうしようもないし。
駄目だな、自分自身。
会社に迷惑かける前に、早いとこ星にならないと。

7月28日21時58分
願うことはただ一つ。
5時間以上寝たい。

8月3日1時14分
一体、いつになったら休みが貰えるのか……

以上のように(原文のママ)ミクシィに書いていた寺田耕一さん(仮名)は、この年の八月半ばには、突然会社を無断欠勤した。その後、家族に付き添われて心療内科に通院することとなったが、一一月前半に自死するに至った。入社二年目、二四歳という若さだった。

真夏に三八日間連続勤務

寺田さんは、首都圏の大学の工学部を卒業し、二〇〇七年四月、大手化学プラントメンテナンスの新興プランテック株式会社に入社した。入社後の研修を経た後、四月中旬から千葉事業所に配属され、取引先の各石油精製・石油化学プラントにおいて現場監督業務に従事することとなった。

具体的には、各現場においてプラント設備の定期点検や補修工事の監督業務を行い、また、配管の切断や溶接等の火気作業や、クレーンによる吊り荷の上架、吊り降ろしなどの重機作業への立会いなども行った。現場以外でも、業者への作業指示書や、作業員の危険予知活動を行うための工事安全作業指示、作業日報などの文書作成を行った。

寺田さんは、二〇〇八年一月、出光《いでみつ》分解炉の現場に異動し、補修工事の監督業務に従事した。作業員のほとんどが年長で、経験年数も寺田さんより長かったので、作業員への指示の際には大変気をつかった。

同年二月頃以降の労働があまりにも過酷なものとなり、彼の健康を破壊した。

表 1-1　寺田さんの月別時間外労働時間(2008 年 2 月〜7 月)

2 月 1 日〜29 日	84 時間 15 分
3 月 1 日〜31 日	151 時間 21 分
4 月 1 日〜30 日	94 時間 27 分
5 月 1 日〜31 日	140 時間 43 分
6 月 1 日〜30 日	167 時間 22 分
7 月 1 日〜31 日	218 時間 23 分

(注) 数字は，東京地裁が認定したもの

寺田さんの同年二月以降の時間外労働時間数は、「勤務報告(週報・月報)保管用」(タイムカードに基づく記録)によれば、**表1-1**のとおりであった。月一〇〇時間を超えるばかりか、月二〇〇時間を超えることもあり、常軌を逸した長時間労働が続いた。

四月下旬には、三日連続の徹夜勤務に従事させられた。ベッドがなく、床に寝ころんで仮眠をとるという「蛸部屋」同然の労働環境だった。前記ブログ四月二五日の「何とか帰ってこれました」「何で合宿前合宿みたいに固い床で寝なくちゃならんのさ!」「二四時間勤務は、やはり厳しかった」などの言葉が、このときの辛さを伝えている。

ゴールデンウィーク最後の五月六日、実家に帰省した際には、母親に対して「休みがなくてきつい、疲れる」「人が足りない」と話していた。

実際、寺田さんは、週一回の休日さえも満足に確保することができなかった。三月は二一日間連続、六月は一八日間連続で勤務した。そして、七月には一日たりとも休日がなかった。八月三日のブログで「一体、いつになったら休みが貰えるのか……」とつぶやいているが、よう

表 1-2　寺田さんの 2008 年 7 月の労働時間

日　付	労働時間 (始業～終業)	時間外労 働時間	備考
1(火)	7:31～17:49	1:28	
2(水)	7:25～19:22	3:07	
3(木)	7:25～19:38	3:23	
4(金)	7:26～22:21	6:05	
5(土)	7:25～18:38	10:13	
6(日)	7:26～19:01	10:35	
7(月)	7:31～21:02	4:41	
8(火)	7:26～21:57	5:41	
9(水)	7:27～22:19	6:02	
10(木)	7:24～23:06	6:52	
11(金)	7:28～22:13	5:55	
12(土)	7:34～20:12	11:38	
13(日)	7:25～18:00	9:35	
14(月)	7:24～21:56	5:42	
15(火)	7:26～21:13	4:57	
16(水)	7:25～20:58	4:43	
17(木)	7:24～22:23	6:09	
18(金)	7:26～21:53	5:37	
19(土)	7:26～20:59	12:33	
20(日)	7:29～18:50	10:21	
21(月)	7:33～17:27	8:54	海の日
22(火)	7:25～21:51	5:36	
23(水)	7:25～23:27	7:12	
24(木)	7:24～ 3:02	10:48	
25(金)	8:00～19:48	2:58	
26(土)	7:27～19:39	11:12	
27(日)	7:38～ 0:18	15:40	
28(月)	7:33～22:32	6:09	
29(火)	7:28～20:13	3:55	
30(水)	7:24～22:30	6:16	
31(木)	7:24～20:40	4:26	
	合　計	218:23	

(注 1)　労働時間集計表(2008 年 7 月 1 日～7 月 31 日)よりまとめたもの
(注 2)　数字は，東京地裁が認定したもの

やく休日がとれたのは八月七日だった。何と、六月末日から三八日間も休みなく働き続けたのである。表1―2は、七月の一日単位の労働時間をまとめたものである。

ブログの中の「体力と精神の限界」(七月二一日)、「願うことはただ一つ。5時間以上寝たい」(七月二八日)との言葉は、疲れ果て心身の健康が壊されている過程での悲痛な叫びだったのだろう。

自責感・希死念慮

寺田さんの仕事の多くは、分解炉内部で行うものであったが、屋外で作業することもあり、地上二〇〜二五メートルの高所作業をすることもあった。現場付近の気象庁のデータ(木更津)によれば、七月後半の気温は、ほぼ連日三〇度を超える真夏日が続いていた。寺田さんは、このようなきびしい労働環境の下で、七月を通じて全く休みをとれずに働き続けた結果、人間の生理的限界を超えてしまい、精神疾患に罹患した。

七月二五日のブログにある「駄目だな。自分自身。会社に迷惑かける前に、早いとこ星にならないと」との言葉は、精神医学でいう自責感及び希死念慮を意味すると思われ、うつ病の典型的な症状がこの頃には出ていたといえる。

寺田さんは、八月半ばに、突然無断欠勤をして行方不明となった。幸いこのときは無事に戻ってきたので、両親が彼を心療内科医師の下に連れていったところ、精神疾患に罹患していると診断され、以降通院加療を受けることとなった。九月にデスクワークへの配置転換があったものの、それでも残業はなくならなかった。通院中にもかかわらず、会社は主治医や産業医の意見聴取もせずに、一一月初めから再び別の現場での業務を命じた。長時間労働の生活が再開され、寺田さんは、ついに一一月一一日自死に至った。

最後のブログとなった一一月三日には、「11月の最後の休み」「月初めの休み無し宣言。急な定修(定期修理)工事が出たので、モッサリと人員として刈り取られました」と書かれていた。

月二〇〇時間の時間外労働まで許容した三六協定

寺田さんの遺族は、千葉労働基準監督署(労基署)に対し、労災保険の適用申請(遺族補償給付及び葬祭料給付の申請)を行い、千葉労基署は、二〇一〇年九月に業務上の死亡(労災死)との結論を出した(その後、遺族が会社等の損害賠償責任を追及して東京地裁に提訴し、二〇一三年一二月会社の責任が認定された)。

寺田さんが著しい長時間労働に従事した原因・背景として、異常な三六《サブロク》協定の存在があった。

三六協定とは、労働基準法第三六条に定める労使協定のことで、法定の労働時間(週四〇時間など)を超える時間外労働の限度をとり決める労使協定のことである。この協定がない場合には、残業や休日出勤は違法となる。

厚生労働省は、通達で、この三六協定で延長できる時間外労働の限度は、原則として月四五時間としているが、「工作物の建設等の事業」は、その例外として行政による限度規制がない。そして、新興プランテック株式会社千葉事業所は、この例外事業所として扱われた。この結果、千葉事業所労使間で締結され千葉労基署が受理した三六協定では、何と月一五〇時間、さらには、「特別な事情」が生じた場合には月二〇〇時間もの時間外労働を「合法化」していた。

会社が、寺田さんを前述したような超長時間労働に従事させた背景には、このような三六協定の存在があったのである。

七月二五日のブログに「労基うんぬん言ってもどうしようもないし」という表現がある。ここでいう「労基」との言葉は、おそらく労基法(労働基準法)ないし労基署を指すものと思われる。寺田さんが当時どの程度三六協定のことを知っていたのかは不明だが、彼は、労基法や労基署が自分を救ってくれるとは考えられなかったのだろう。なぜなら、あのような超長時間労働ですら千葉事業所の三六協定で「合法化」されていたのだから。

寺田さんの死を招いた異常な三六協定。これを締結した使用者と労働組合、これを受理した労基署の責任が問われて然るべきである。

もともと、厚生労働省は、通達で、月四五時間を超えて時間外労働が長くなると、労働者の健康障害が発症する危険性が高まると指摘している。

寺田さんのような犠牲を繰り返さないために、法令によって、建設関連の事業も含めて、すべての業種で時間外労働の規制を抜本的に強化することが求められている。

システムエンジニアの過労死

従来の脳・心臓疾患の過労死は、どちらかというと、役職として中間管理職、職種としては、営業職・事務職・運転手などに典型的に見られたが、過労自殺や精神疾患に関しては、これら従前からの業種・職種も相当数にのぼるものの、従来はそれほど目立たなかった技術関係の若い労働者に広範にひろがっている。前述の寺田さんのように建設業で働く人の犠牲はあとを絶たない。

そして、注目しなければならないのは、新しい産業として注目を浴び、多くの若者が働いているＩＴ関連業界で、若い技術者、とくにシステムエンジニアが、過労の末に死亡するケースが増えていることである。

システムエンジニアとは、専門知識と技術を駆使して、コンピューターシステムをつくるための設計、テストを行う職種である。ちなみに、プログラマーは、システムエンジニアが作成した設計書をもとにしてプログラムを実際につくる職種である。

システムエンジニアの労働においては、とくにプロジェクトの納期直前や、トラブルが発生した時点においては、徹夜勤務などの長時間労働が続くことが多々あり、このため、システム開発の世界では、「デスマーチ(death march)」＝死の行進という意味の言葉が使われている(エドワード・ヨードン『デスマーチ——なぜソフトウエア・プロジェクトは混乱するのか』シイエム・シイ出版部、二〇〇一年)。

三三時間連続勤務も

川崎市の株式会社富士通ソーシアルサイエンスラボラトリ(富士通ＳＳＬ)に勤務していた西垣和哉さんは、過重な労働によりうつ病を発症し、二〇〇六年一月、うつ病が原因となった過量服薬により二七歳の若さで死亡した。西垣和哉さんの死は、この「デスマーチ」という言葉が、決して大袈裟な言い方でなく、日本の現実であることを示している。

二〇〇二年に入社した和哉さんは、二〇〇三年春から地上デジタル放送のシステム開発プロジェクトに配属された。もともと人員不足であることに加えて、発注者であるテレビ局のきびしい納期設定や仕様変更の繰り返しなどによって、一か月一〇〇時間を超える時間外労働を強いられ、徹夜作業が度々あった。和哉さんは、二〇〇三年九月には一日約二一時間労働、翌日にかけて事実上約三三時間連続勤務という過酷な労働を行った。この会社の時間外労働に関する三六協定では、なんと一日最高一三時間まで時間外労働(二〇時間五〇分労働)を認めていた。

うつ伏せして仮眠をとっている様子
(裁判所への提出資料として和哉さんの同僚が当時の状況を再現した)

作業場には、ソファーも仮眠用の設備もなく、和哉さんたちは、狭い自分の作業席でうつ伏せになって休むしかなく、疲労を回復する場所すら与えられなかった(写真参照)。作業場では、狭い空間に大人数が働き続け、二酸化炭素量が安全衛生の基準値を超えており、劣悪で有害な作業環境であった。ミスが許されず神経をすり減らす作業で、和哉さんをはじめ多数の同僚たちがつぎつぎと精神疾患に陥った。会社の資料によれば、二〇〇二年度新卒入社人員は七四人だったが、二〇〇九年四月段階で、そのうち二六人が退職しており、退職者中でメンタル不調歴がある者が六人もいた。また、同年同月現在、在職者でメンタル系の診断書を出して休業した履歴のある者が六人もいた。

富士通ＳＳＬの当時の社内報によれば、門前仲町にあったシステムエンジニアの作業場について、

労働環境は最悪です。
・狭い（一人あたりのスペースは80㎝以下？）
・暑い（ほとばしる情熱のせい）
・会議机に折りたたみイス
この部屋のドアを開けた瞬間、足が止まりました。何年（何十年？）も前の作業場の光景です。しかも帰れない程忙しい……。

と記述している。

後に裁判で証人として出廷した元上司も、「西垣君は入社二年目だが、仕事がよくでき優秀

だったので、こちらのプロジェクトに入ってもらった」「新しい人を入れると、導入教育に時間をとられてしまう」「作業がたてこんでいた」「仕事場にソファーは無い」「いすの上で寝るかうつ伏せで寝るかのどちらか」旨、証言し、和哉さんの労働実態と作業環境の劣悪さを浮き彫りにした。

和哉さんは、睡眠障害からうつ病を発症し、二〇〇三年一一月に休職し、以降休職と復職を繰り返したが、ブログの中に「このまま生きていくのは死ぬより辛い」との言葉を遺していた。うつ病治療中にもかかわらず、達成が困難なノルマを課せられ病状が悪化し、二〇〇六年一月、治療薬を過量服薬して亡くなった。

川崎北労基署が、彼の死を労災と認めなかったため、遺族が国(厚生労働省)を被告として行政訴訟を提訴し、労基署の誤った判断を取り消すことを裁判所に求めた。東京地裁は、関連証拠をよく分析し、同じ職場で働いていた同僚・上司などの証言などを踏まえて、二〇一一年三月、原告の主張を認め、和哉さんの死を労災として認める判決を出した。国は控訴せず判決は確定した。

行政訴訟が確定した後、遺族側と会社との間で再発防止と企業補償のための交渉が続けられたが、二〇一二年六月に和解が成立した。和解に際して、会社は、労働時間の短縮、休憩設備の設置、労働法やメンタルヘルスについての講習会の実施等の労働条件の改善について引き続き取り組み、長時間労働による健康障害ないし労働災害の撲滅に向けて取り組む決意を表明した。従業員の死亡が労災と認定された後にも、職場改善に取り組まない企業が少なくない中で、この富士通SSLの姿勢は評価できる。

スレイブ・エンジニア?

SEとは、system engineer(システム・エンジニア)の略語のはずだが、私には、slave engineer(スレイブ・エンジニア=奴隷技術者)の略語のように聞こえてしまう。本来、SEは、二一世紀を担う技術者であるはずなのに、残念なことに、現代日本では、過重労働の代名詞となり、最も過酷な労働の一つとなっている。

いわゆるIT革命は、労働現場にSEという新たな技術労働者を大量に生み出したが、彼らの労働条件に関する規制はほとんど行われず、長時間労働、劣悪な労働環境が野放し状態となり、結果として、多くの職場で過労死や職業病を発生させている。

最近五年間の「過労死一一〇番」への自殺相談を見ても、職種が判明している相談のうち約二〇%は、SEの事案である。

現代のSEの過酷な労働実態は、二〇〇年以上前の欧州での産業革命後の鉱山や工場の実態とよく似ている。技術革新による新しい産業・職種が生まれるとき、企業が目先の利益のみを追求し、消費者も目先の便利さのみに目がいってしまい、働く者のいのちと健康がないがしろにされてしまいがちである。産業革命後の過酷な労働条件を一歩一歩改善してきた人類の歴史を後戻りさせてはならない。

2 「残業月平均15時間」の求人票
――二三歳・新入営業職社員

就活は、学生にとって人生の重要な選択の機会である。求人企業の情報を何度も読み、就職先を選ぼうとする。しかしながら、企業側が勤務条件について的確な情報を提供するとは限らない。求人票とは全く違い、月一〇〇時間を超える残業や仕事上のトラブルの末に、新卒一年目の一二月に、営業職の青年が死に追い込まれた。

入社一年目の冬に

人生は何とかなると思っていたけど何ともなりません。

二〇〇二年一二月下旬、大崎和夫さん(仮名)は、自宅アパートで、このような遺書を残して、新入社員一年目の冬に死亡した。二三歳だった。

大崎さんの遺族は、大崎さんが死亡したのは、あまりの長時間労働、深夜労働による過労や仕事のストレスが原因だと考え、真岡労働基準監督署に労災保険の適用を求める申請を行った。しかし、同労基署は、労災ではないと判断した。そこで、これに納得できない両親が原告となって、真岡労働基準監督署長の労災保険金不支給処分を取り消すよう、東京地方裁判所に提訴(行政訴訟)した。そして、二〇〇六年一一月二七日、東京地裁は、両親の言い分を認め、大崎さんの死を業務上の死亡、すなわち労災と判断した。この判決に対して、国(労基署)は控訴せず確定した。

「残業月平均15時間」の求人票

大崎和夫さんは、関東のある私立大学に在籍し就職活動を行っている頃、真岡公共職業安定所経由で大学に届いた求人票(写真参照)で、株式会社関東リョーショクを知った。関東リョーショクは、二〇〇二年当時、食品の卸売販売を業とする中堅規模の会社で、栃木、茨城、群馬などで業務を展開し、多くのカップ食品などを小売店舗に卸売していた。

この求人票によると、所定労働時間は午前八時三〇分から午後五時三〇分で、営業職で、

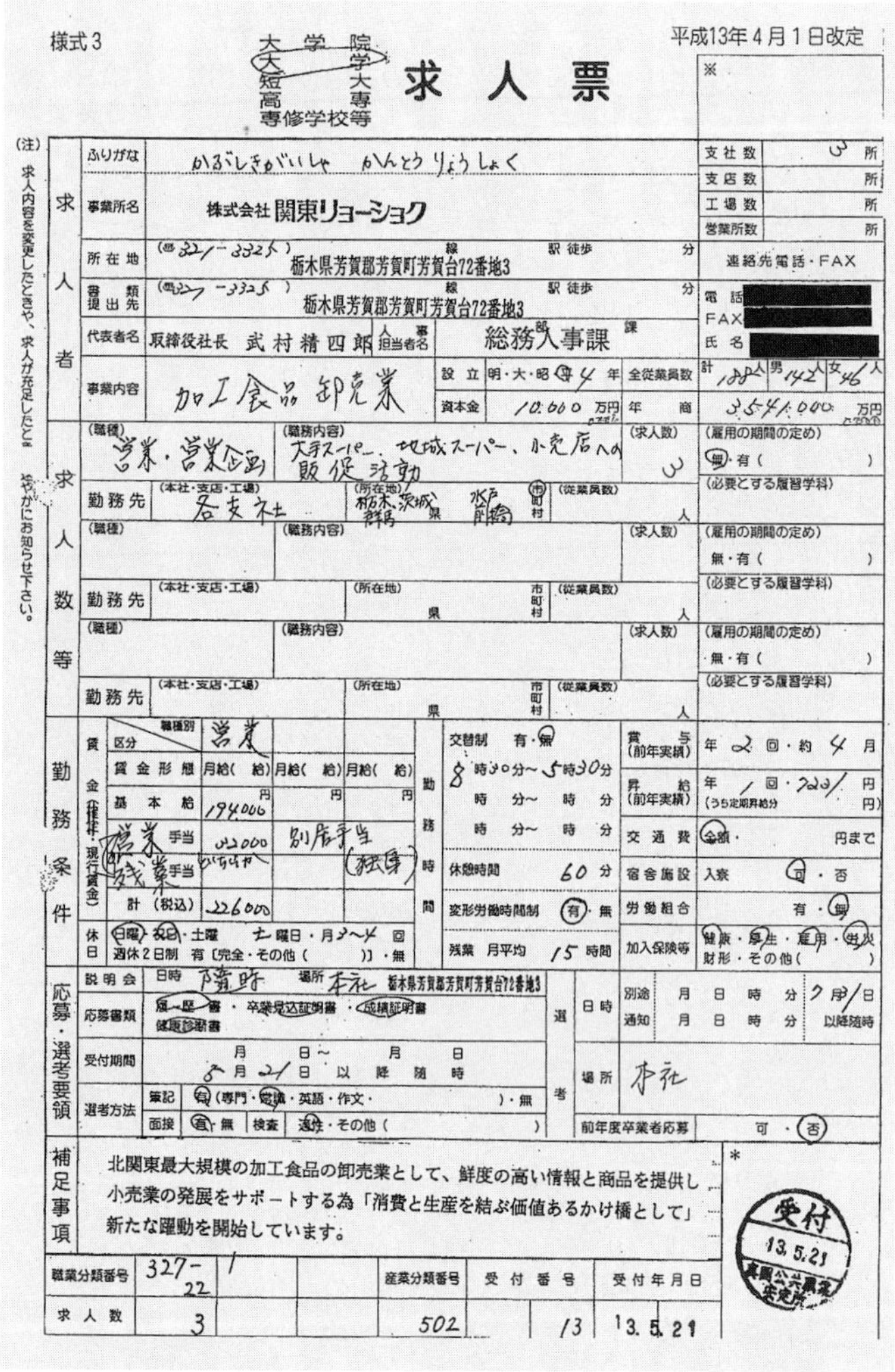
様式3

平成13年4月1日改定

大学院 大学 短大 高専 専修学校等

求人票

※

(注)求人内容を変更したときや、求人が充足したときは速やかにお知らせ下さい。

求人者		
ふりがな	かぶしきがいしゃ　かんとうりょうしょく	支社数 3所
事業所名	株式会社関東リョーショク	支店数 所 / 工場数 所 / 営業所数 所
所在地	(〒321-3325) 栃木県芳賀郡芳賀町芳賀台72番地3	連絡先電話・FAX
書類提出先	(〒321-3325) 栃木県芳賀郡芳賀町芳賀台72番地3	電話 [redacted] FAX [redacted]
代表者名	取締役社長　武村精四郎	人事担当者名 総務部人事課 / 氏名 [redacted]
事業内容	加工食品卸売業	設立 明・大・昭・平4年 / 全従業員数 計188人 男142人 女46人
		資本金 10,000万円 / 年商 3,541,000万円

求人数等			
(職種) 営業・営業企画	(職務内容) 大手スーパー、地域スーパー、小売店への販促活動	(求人数) 3	(雇用の期間の定め) 無・有( )
勤務先 (本社・支店・工場) 各支社	(所在地) 栃木・茨城・群馬 県 水戸・前橋 市	(従業員数) 人	(必要とする履習学科)

勤務条件			
職種別	営業	交替制 有・無	賞与(前年実績) 年2回・約4月
賃金形態	月給	8時30分～5時30分	昇給(前年実績) 年1回・7,000円
基本給	194,000円	時 分～ 時 分	交通費 全額・ 円まで
営業手当	32,000 別居手当(独身)	休憩時間 60分	宿舎施設 入寮 可・否
残業手当	実働分	変形労働時間制 有・無	労働組合 有・無
計(税込)	226,000	残業 月平均 15時間	加入保険等 健康・厚生・雇用・労災 財形・その他( )
休日	日曜・祝日・土曜 土曜日・月3～4回 週休2日制 有〔完全・その他( )〕・無		

応募・選考要領			
説明会	日時 随時 場所 本社 栃木県芳賀郡芳賀町芳賀台72番地3	選考 日時	別途通知 月 日 時 分 7月1日以降随時
応募書類	履歴書・卒業見込証明書・成績証明書 健康診断書		
受付期間	5月21日以降随時	場所	本社
選考方法	筆記 有(専門・常識・英語・作文・)・無 / 面接 有・無 / 検査 適性・その他( )	前年度卒業者応募	可・否

補足事項：北関東最大規模の加工食品の卸売業として、鮮度の高い情報と商品を提供し小売業の発展をサポートする為「消費と生産を結ぶ価値あるかけ橋として」新たな躍動を開始しています。

職業分類番号	327-22	1	産業分類番号	受付番号	受付年月日
求人数	3		502	13	13.5.21

受付 13.5.21 真岡公共職業安定所

大崎さんの大学に届いた株式会社関東リョーショクの求人票

「残業月平均15時間」と記載されていた。

学生への求人数が減り、就職活動が大変きびしいときであったが、二〇〇二年四月、大崎さんは、同社に就職した。同社にとって大崎さんは、久しぶりに新入社員として会社に入ってきた存在であり、一年目からいわば「即戦力」の働きが求められた。出勤時刻は、規則上八時三〇分となってはいたが、実際には、新人の大崎さんは、午前七時三〇分には出勤して、机を拭いたり掃除をしたりしていた。また、火、水、金の週三回は朝八時から会議が行われ、これに出席しなければならなかった。そして、とくに一〇月以降になると、目に見えて残業が多くなり、終業時刻が遅くなった。この結果、「残業月平均15時間」という求人票の数字は、実態と大きく乖離《かいり》することとなった。

「予算」達成のための重圧

大崎さんは、入社後四月から九月までは、上司のもとで業務の流れを研修し、残業時間もそれほど多くなかった。しかし、半年間を経て一〇月から営業の具体的業務を担当することとなり、責任が重くなり、かつ、急速に労働時間が増えた。

会社では「予算」という名の各自毎の月々の販売目標数値があり、研修やミーティングの際に、支社長などの上層部から、営業担当従業員に対して、「何があっても予算達成する」「予算必達」等の指示が出されていた。「予算」達成に関して新人を特別扱いするようなことはしていなかった。

当時はデフレ状況に伴う卸値の低落とも相まって、「予算」の達成はきびしい状況にあった。大崎さんの達成率は低く、彼は、一〇月、一一月と次第に元気がなくなっていった。一〇月下旬頃には、顧客の取引に関して発注ミスをし、その顧客の店を訪問して事後処理に追われた。ある日曜日夕方に電話で母親から食事を誘われても、「テンパッたので食事には行かれない」と断った。この頃交際していた女性に対して「トラブったので明日会社に行ったら大変だ」というメールも送信していた。

一〇月以降の過重労働による疲弊

この職場には、タイムカードがなかったので、東京地裁判決は、客観的証拠(事務所の鍵の記入表、警備会社の警備記録、業務日報)や関係者の証言に基づいて、実際の労働時間を算定した。判決によれば、時間外労働は、九月までは最大で月約四六時間であったが、一〇月には約一五〇時間、一一月には約一四九時間、一二月は二二日までで約一一二時間に及んでいた。

大崎さんが睡眠時間をきちっととれなかったため、母親が、実家から彼のアパートに毎朝遅刻しないように電話で起こしていたほどである。

さらに、たまの休日に大崎さんが実家に帰ってきたときでも、顧客から携帯電話に仕事に関する電話が入ることがあり、彼は、その対応のために休日を台無しにしてしまうこともあった。

睡眠時間をまともに確保できないような長時間労働は、心身の極度の疲弊、消耗を来し、うつ病等の精神疾患の原因となることは、ひろく知られている。

深夜を含む長時間労働、仕事上のトラブルや「予算必達」の心理的な負荷などによって、大崎さんがうつ病等精神疾患を発症し、その結果死亡に至ったことは間違いない。

前述のとおり、大崎さんの一〇月以降の時間外労働は、一か月一〇〇時間をはるかに超えている。この会社の三六協定は、月四二時間を上限としていたが、この協定は完全に無視されていた。

「即戦力」という名の過重労働の押しつけ

かつて日本企業の多くは、新人教育を重視し、その成長段階に応じて仕事を与えていくという手順を踏んでいた。しかしながら、最近の多くの企業は、入社早期から新人に重いノルマを与えるなど、「即戦力」としての成果を求めるようになった。新人の中には、稀《まれ》に卓越した能力と体力を有する者がいて期待に応えることができるかもしれないが、ほとんどの新人にとっては、その知識、経験、能力、体力から見て、一年目から過度の成果を性急に求められている。

このような労務管理の変化は、多くの若者に過度のプレッシャーを与え、精神疾患の増加、さらには過労自殺の原因となっている。そして、このような目先の成果を追い求めようとする経営姿勢は、職場のゆとりを奪い、労働者の健康を損なうことによって、従業員の労働能力を減退させ、企業の社会的評価を低下させ、結局は経営自体の発展を阻害している。

わが国の経営者は事実を直視し、若者に対する労務政策を早急に改善すべきである。

3　朝早くから夜遅くまで行動を管理されて
――二六歳・金融機関女性総合職

男女共同参画社会の実現へ向けて、国家ぐるみで取り組みが行われている日本。

だが、女性の「戦力化」が強調されている職場では、女性の男性並みの長時間労働が増え、過労・ストレスから病気になり、ついには死亡に至る悲しい事例が増えている。

証拠保全

二〇〇二年三月、新宿から約五〇分の駅近くにあるオリックス株式会社厚木支店で、裁判官による証拠保全が実施された。証拠保全とは、民事訴訟法に定められた手続きのことで、重要な証拠が改竄《かいざん》されたり、廃棄されたりすると立証活動が困難になるので、あらかじめ裁判所が関与して証拠を保存しておくのである。医療事故の場合にカルテを証拠保全することがよくあるが、過労死事案でも、労働時間の関連資料を証拠保全することが増えている。

厚木支店がこのような証拠保全の対象となったのは、厚木支店に勤務していた女性総合職の秋本真希さん(仮名)が前年一二月に自死し、その原因として仕事上の過労・ストレスの可能性が高かったからである。秋本さんは、つぎのような言葉を手帳に走り書きで残し、支店付近のビルの上から投身して亡くなった(原文のママ)。


朝早くから夜遅くまで会社にいて、行動を管理され周囲から厳しいことが言われる状況の中で、それに対して「自分」がなくなってしまいました。

自分がどんな人間で何を考え、何を表現すればよいのかが分かりません。

もう少し強い自分でありたかったです。

支店長に見切られたようです。自分の担当を全て取りあげられて。

支店長に異動願を届け出たことを報告した前後
「ウソツキ」「お前が嫌いだ」と言われました。確かに。

私は、周囲の人にこのことを話していません。

ですから、私に万が一の事があった時に恐らく最後の文章は、途中で切れていた。

深夜勤務早朝出勤の繰り返し

秋本さんは、大学卒業後にオリックスに就職し、新人研修後厚木支店に配属となった。学生時代から明朗活発で、国際性も兼ね備え、将来を期待されていた。

厚木支店での秋本さんの業務は、当初は、リース代理店にオリックスのリース利用を勧誘する、いわゆるルート営業だったが、入社後一年九か月を経過した二〇〇一年一月から、担当地域の企業にオリックスの各種商品を販売する、法人営業の担当となった。

厚木支店は、会社の中で業績の優秀な支店であったが、同時に労働時間が長いことで社内でも有名だった。

秋本さんの所定労働時間は、午前九時から午後五時二〇分であったが、厚木支店配属当初から、午後九時頃まで働くのが普通であった。そして、法人営業となってから、支店長より「朝八時に出社」との指示があり、長時間労働が一層深刻なものとなった。すなわち、秋本さんは、午前八時には出社し、最終電車と最終バスに合わせ午後一一時三〇分頃に退社するのが日常となった。最寄り駅（本厚木駅）最終電車は、駅発一一時三八分であった。毎日自宅を出るのは、朝六時三〇分頃、帰宅は午前一時頃という状況が続き、もっと遅い時間帯にタクシーで帰宅することも度々であった。したがって、睡眠時間がせいぜい四時間程度しかとれない異常な状況が続いた。出勤前に朝食をとる余裕もなくなってきて、家族が自宅から最寄りの駅に車で送ってくれている間に車中（七〜八分）で母の作ったおにぎりを食べるということも多かった。

土曜日にも出勤することがよくあり、休日や平日深夜に自宅で書類読みや書類作成を行うことも多かった。たとえば、自宅パソコンには、七月八日（日）一四時一五分に、「効率推進の必要事項」と題する文書を更新した履歴があり、一一月七日（水）三時二一分に「ローンのお取組条件」で始まる文書の更新履歴が残っていた。また、オリックスのグループ企業の商品である生命保険販売のため必要な資格取得のための試験勉強も行っていた。

サービス残業の実態が明らかに

厚木支店の三六協定では、一か月四五時間、一年三六〇時間を時間外労働の上限と定めていたが、秋本さんの時間外労働の実態は、自宅労働を除いても月一〇〇時間をはるかに超えていた。

表 1-3　会社による秋本さんの労働時間管理記録
（2001 年 4 月分，一部抜粋）

日付	勤務形態	開始	終了	時間外	うち深夜	事由	承認
16(月)	通常勤務	9:00	22:00	4:40	0:00	書類作成	○
17(火)	通常勤務	9:00	22:00	4:40	0:00	書類作成	○
18(水)	通常勤務	9:00	22:00	4:40	0:00	書類作成	○
19(木)	通常勤務	9:00	22:00	4:40	0:00	書類作成	○
20(金)	通常勤務	9:00	22:00	4:40	0:00	書類作成	○
21(土)							
22(日)							
23(月)	通常勤務	9:00	17:20	0:00	0:00		○
24(火)	通常勤務	9:00	17:20	0:00	0:00		○
25(水)	通常勤務	9:00	17:20	0:00	0:00		○
26(木)	通常勤務	9:00	17:20	0:00	0:00		○
27(金)	通常勤務	9:00	17:20	0:00	0:00		○

ところが、会社の労働時間管理記録（「月例報告」）によると、業務開始時刻は午前八時ではなく午前九時とされていた。業務終了時刻は遅い日でも午後一〇時とされ、月の後半になると、午後五時二〇分というあり得ない数字が並ぶような記録となっていた。

証拠保全によって入手した資料の一つに、秋本さんが会社で使用していたパソコンの文書最終更新時刻のデータがあった。これらを詳細に分析すると、午後一一時以降の時刻が多く存在しており、会社の労働時間管理記録が実態を反映していないことが一目瞭然だった。

たとえば、表1-3は、二〇〇一年四月の労働時間管理記録であるが、月末の五日間が五時二〇分終了となっている。このうち、四月二三日のパソコン最終更新履歴が二三時〇四分、四月二五日の同履歴が二三時二二分として残っており、それぞれの日だけで六時間前後も労働時間が過小に記録され、いわゆるサービス残業となっている。

パソコン履歴以外でも、彼女の使ったタクシーの領収書の分析によって、深夜にわたる労働実態が具体的に証明された。

体調の悪化

このような過酷な労働が続いたため、秋本さんの体調はしだいに悪化していった。目の下に隈《くま》ができ、母に「美容整形か何かでなおせないのかなあ」と相談したことがあり、母が「(長時間労働の)生活変えないとだめよ」と諭した。

八月には一度医師の診察を受けた。診療記録によると、主訴として「二か月前からの食欲不振、嘔気《おうき》、めまい、下血?」とあり、また、「仕事にてストレス、部署異動あり多忙、上司が厳しい」と書かれている。その後も仕事に追われ、結局病院での診療を受けることがないまま亡くなった。九月頃からは、顔色が悪くなり、体が痩せ、丸顔だった頰がこけ、同窓会で久しぶりに会った友人が「そんなに痩せて大丈夫?」と心配し尋ねた。目がうつろになり、焦点が定まらず、ぼうっとして物事に集中力を欠き、人の話を聞いても上の空のような状態のことが多くなった。

退職の申出と支店長のパワハラ

秋本さんは、一一月下旬頃には、疲労困憊し、これ以上の勤務は耐えがたいと考え、オリックスを退職したいと厚木支店長のAに申し出た。さらに、そのことに関連して本社人事課長とも面談した。しかしながら、会社側から強く慰留され、かつ、翌年四月には、営業職以外の部署に異動できるとの話が示され、勤務を継続することになった。もっとも、「三月まで長いよね」と家族にこぼしていた。

厚木支店長のAは、もともと部下、とくに女性社員に対して傍若無人の態度を示すことが多かった。たとえば、秋本さんに飲酒を無理強いしたり、支店の飲み会に出席していなかった女性社員に電話をして「彼氏と一緒だったんだろう。今から来い」と命じたり、同じく飲み会の席で、別の女性社員の携帯電話を勝手に操作し、そこに登録されている男性に勝手に電話をして女性社員を泣かせたりと、言語道断の振る舞いを行ってきた。

秋本さんが退職の申出をした後、支店長Aは、彼女に対して、従来にも増してひどい言動を行うようになった。一二月上旬に、彼女がいつもぼうっとしている感じになってしまい、あまりに様子が変なので、母が心配して事情を尋ねると、「朝から晩まで支店長に管理されちゃって」「朝八時に出社してから、仕事が終わるまでは帰るなって支店長に言われた」と返事していた。

遺書に走り書きされていた「「ウソツキ」「お前が嫌いだ」」という言葉は、この頃に支店長Aが吐いた暴言と推察される。

一月以来の過重労働で極度の疲労状態に陥っていたことに加えて、このような支店長Aの酷いパワハラが続いた結果、秋本さんは、ついに力尽きて一二月下旬に自死した。

電通「鬼十則」の配付

この事件の調査を通じて私が驚いたのは、支店長Aが部下に対して、電通の社訓「鬼十則」を配付していたことである。

「鬼十則」とは、大手広告代理店株式会社電通が社員の行動規範として従業員教育に使用している有名な社訓である。その第5条には、「取り組んだら「放すな」、殺されても放すな、目的完遂までは」と書かれている。このことは、最高裁(二〇〇〇年三月二四日判決)まで争われた電通社員故大嶋一郎さんの過労自殺訴訟(第四章参照)で、電通の労務管理のあり方を問う例として問題にされた。「殺されても放すな」という過度の精神主義を強調する行動規範が、従業員に長時間サービス残業を事実上強要する会社の体質を作っているといえる。

二〇〇〇年三月に電通の最高裁判決が大きく報じられたにもかかわらず、その後も、オリックス厚木支店長Aは、同じものを部下に持たせて過重労働を課し、電通と同じく二〇代半ばの若者を死に追い込んだのである。

若い女性労働者にひろがるうつ病と死

秋本さんの死亡から三年以上経過して、その死を業務上の死、すなわち労災として認定する決定が、厚木労基署によって出された。労基署担当者は、決定までに長い時間がかかったことを遺族に謝罪したうえで、今後会社に対して、サービス残業の是正などをはじめ必要な行政指導を行うことを約束した。

一九八〇年代の男女雇用機会均等法制定、一九九〇年代の女性労働者に対する労働時間規制撤廃は、一方で女性の職場進出をひろげたものの、他方で男性並みの長時間労働に従事する女性労働者を増やすこととなった。とくに、二〇〇〇年代に入ってから、「過労死一一〇番」には、女性労働者のうつ病等精神疾患、過労自殺の相談が年々増加傾向にある。とくに、大学を卒業し就職してから半年以内に病気になり、死亡にまで至る事案が少なくない。

私は、秋本さん以外に、最近五年間で、五人の若い女性の過労死・過労自殺の事件を担当して、そのうち四人の方については、すでに労災認定(公務上災害認定含む)を得た。いずれの事例も、膨大な業務量、長時間労働、不適切な労務管理が、原因・背景となっている。

男女共同参画社会の実現をめざすわが国において、過労死・過労自殺が男女共通となりつつある事態は、極めて深刻なことがらであるといわざるを得ない。

4　災害対応による過労の末に

――四〇歳・旅行会社課長

大地震のような突発的な事態が発生すると、関連する部署の人々が、その対応に忙殺され、不眠不休の生活を余儀なくされることが多い。この結果、民間・公務員を問わず、極度の過労・ストレスにより死亡に至ることが頻発している。

遺族の言葉

二〇一一年二月二二日、ニュージーランド・クライストチャーチで大地震が発生し、現地にいた日本人を含め多数の人々が死亡した。東日本大震災が発生する一七日前のことだった。天災であろうと人災であろうと大きな災害が発生すると、それに関連する仕事を担当している労働者は、事後対応のため仕事に忙殺され、その過労・ストレスの結果、しばしば過労死・過労自殺にまで至ってしまう。

松田信夫さん(仮名)もまた、その犠牲者の一人となった。

新宿労基署が松田さんの死を労災と認定した後、遺族(妻)は、記者会見でつぎのように訴えた。

私は、旅行会社JTB法人東京の営業課長でありました夫を約二年前の三月に過労自殺で亡くしました。

夫は、徹夜・終電続きで働きづめの毎日でした。私が心配しても、「あと三か月頑張れば落ち着くから」と言うだけでした。ある日失踪した夫は、私の父の墓地で自殺しているのを発見され、私は半身をもがれるような思いで身元確認に行きました。

突然に大切な家族を奪われた私は喪失感いっぱいの中、どうしたら良いのかもわからないまま川人弁護士を訪ねました。そして、もう触れたくないことがらをひっくり返しながら必死で情報収集し、労災申請から半年後、労基署に過労死と認定されました。

夫が亡くなった当初、私は精神的にくたびれ果てて何もできない状況でしたが、やはり大きな社会問題となっている過労死を生じさせた企業には猛省を促すべきだと考えるようになりました。「名ばかり管理職」をふやし、彼らの過酷な労働実態を放置する企業が「大学生の就職したい企業」ということでは困ります。

事業主の責務を明らかにし、過労自殺の防止策を講じる必要性を社会の方々にも知っていただきたいと思います。

平成二五年一月三〇日

遺族

JTBにとって学校はVIP

松田さんは、大学卒業後の一九九四年、当時の日本交通公社に入社した。二〇〇一年には同社は株式会社ＪＴＢとなり、二〇〇六年には株式会社ＪＴＢが事業持株会社になりグループ全体が再編されたために、松田さんは、株式会社ＪＴＢ法人東京へ転籍となった。

松田さんは、入社以来、主として修学旅行など学校関係の団体旅行の営業を担当してきた。この業務としては、学校など顧客先への訪問、旅行の企画、旅行添乗、駅や空港での送迎などが含まれており、その性格上、深夜早朝や土日に勤務することもしばしばあった。

松田さんは、二〇〇八年二月にマネージャーに昇進した。ＪＴＢで一人の社員が担当する団体旅行の本数は年度平均四〇〜五〇本とされていたが、松田さんが二〇一〇年度に担当した本数は、その一・五倍の六八本であった。

松田さんの担当していた団体は、ＪＴＢにとって大切な得意先が多かった。そして、顧客の要求にきめ細かく対応するためには、訪問営業を頻繁に行ってコミュニケーションを密にすることが必要であった。その中でもとくに、私立Ａ女子中・高校及び私立Ｂ中・高校は、ＶＩＰともいうべき重要な顧客で、多いときには週三回も訪問するなど頻繁に足を運んでいた。

Ａ校については、二月に海外ホームステイ、五月に国内旅行や短期ホームステイ付き海外修学旅行、夏には国内英語スクール旅行などを企画していた。Ｂ校については、七月に海外ホームステイ、八月に全運動部の夏合宿、一〇月に修学旅行などを企画していた。これらのうち、海外ホームステイの企画では、国内外の多数の関係者と連絡をとり相談しなくてはならないために、多くの時間と手間を要した。何十人もの生徒について、各自のアレルギーなどを考慮して受入先の現地ホストファミリーを探してマッチングしたり、海外保険の補償内容を一つ一つ確認して対応するなど、多岐にわたる膨大な業務があった。

部下の退職と課長への昇進

二〇一〇年一〇月頃、部下のSさんが急に退職した。Sさんは、松田さんと同様に重要な顧客を担当し、課の売上げ促進の牽引者だった。この結果、松田さんは、Sさんの担当業務の約半分を引き継ぎ、業務量が一段と増加することとなった。とくに、Sさんの担当していた私立C校と私立D校を引き継ぎ、C校が二〇一〇年一〇月一八日から、D校が同月二六日から旅行があったため、松田さんが急遽添乗することとなり、多忙を極めた。松田さんは、一〇月にSさんにメールを送信した際に、「死にそうに忙しいよ」と書いていた。

こうした中で、松田さんは、二〇一一年二月一日付で営業四課の課長に昇進し、一五人を超える課員(部下)をかかえることになった。課の実績報告、次年度計画立案、課員の業務管理、課内の最終決裁、会議の仕切りなどを担当することとなり、新しい仕事が一挙に増えた。加えて、従来から松田さんが担当していた業務からは解放されず、従来どおり課長昇進後も一営業員として学校関係の団体旅行を引き続き担当していたため、その業務負担は増加する一方となった。とくに昇進時期である二月は、例年どおりA校の海外ホームステイ旅行の企画業務に追われた。

ニュージーランド大地震の発生

二〇一一年二月二二日、ニュージーランド・クライストチャーチで大地震が発生した。松田さんの担当校の一つが、二月二五日からニュージーランドへホームステイ旅行をすることとなっており、クライストチャーチも行き先に含まれていた。出発直前に大地震が発生したことから、日程や行き先など当初の予定を大幅に変更せざるを得なくなり、松田さんは、ほぼ準備が終わっていたホームステイ旅行の企画を、限られた時間内で、一から作り直す必要に迫られた。

A校の旅行では、参加する生徒を複数のグループに分けてニュージーランド国内の三都市へ派遣する予定であったが、そのうちの一つがクライストチャーチであった。クライストチャーチ以外の二都市に派遣されるグループは予定どおり二月二五日に出発したが、クライストチャーチへ行く予定のグループは、約二週間後に目的地を変更して出発することになった。

表 1-4　松田さんの失踪直前の労働時間集計表
(2011 年 3 月 5 日〜2 月 20 日)

日　付	労働時間(始業〜終業)	1 日の拘束時間数	1 日の労働時間数	総労働時間数	時間外労働時間数
3/5(土)	9:05〜23:21	14:16	13:16		
3/4(金)	8:15〜30:37	22:22	18:22		
3/3(木)	5:23〜24:32	19:09	18:09		
3/2(水)	8:15〜24:00	15:45	14:45	116:35	76:35
3/1(火)	6:20〜25:33	19:13	18:13		
2/28(月)	7:19〜25:38	18:19	17:19		
2/27(日)	6:30〜24:01	17:31	16:31		
2/26(土)	17:20〜29:59	12:39	8:39		
2/25(金)	9:15〜29:12	19:57	15:57		
2/24(木)	7:07〜28:00	20:53	16:53		
2/23(水)	6:26〜24:00	17:34	16:34	95:18	55:18
2/22(火)	6:00〜24:00	18:00	17:00		
2/21(月)	7:40〜28:55	21:15	17:15		
2/20(日)	9:00〜12:00	3:00	3:00		

(注 1) 時間外労働時間数＝総労働時間数－40(所定労働時間)
(注 2) 数字は新宿労働基準監督署が認定したもの

このため、松田さんは、わずか二週間という短期間で、目的地の選定からホストファミリーのマッチングまでやり遂げなければならなかった。

松田さんが、このような緊急対応に追われ多忙を極めていたにもかかわらず、会社の上層部、部長などからは、松田さんの業務を軽減する措置が採られなかった。

このような無理が重なった結果、松田さんは、課長に昇進した二月一日から、突然失踪した三月六日までの間(三三日間)で休日をとれたのは、たった一度(二月一三日)のみであった。ニュージーランド大地震以降は、休日が皆無で、深夜残業、徹夜残業を伴う過酷な連続勤務が続いた。

私ども弁護士の調査によれば、失踪する直前一か月間の時間外労働は、三五八時間二〇分にも及んだ。松田さんの睡眠時間は、せいぜい四〜五時間程度であり、徹夜勤務も度々あった（表1−4）。

精神疾患・失踪・死亡

松田さんの妻は、彼の異常な状況について、労基署に対してつぎのように説明している。

「お客さんから二月一八日に旅行の申し込みをされ、二月末頃の出発だったと思いますが、夫は、このお客さんが出発する飛行機の搭乗券を発券するのを直前まで忘れていたらしく、旅行の何日か前にお客さんから「まだ搭乗券が届いてないけど大丈夫？」と電話がかかってきたことがありました。こんなことは今まで一回もなかったよとお客さんは言っていました」

「私は、ニュージーランド大地震発生後はほぼ毎日、車で会社まで夫を迎えに行っておりました。夫は車に乗る際、ものすごく大きな音を立てて助手席の扉を開け、無造作に席に座り、その目はどこか一点を見つめるように据わっていました。夫は元々ドアをそっと閉め、荒々しいことをするタイプの人ではなかったので、疲れていたかと思って驚きました」

松田さんは、失踪直前の三月五日には、「こんな生活でごめんな」と涙ぐんでいた。失踪当日の六日には、それまで見せたことのないような怖い表情で「あっちへ行け」と言って、妻を振り払った。

新宿労基署から医学的見解を求められた専門部会(専門医三名で構成)は、

「署の調査結果にて、従前より一月の時間外労働が一六〇時間を超過するような極度の長時間労働の実態があったところ、平成二三年二月一日課長への昇進、さらに、平成二三年二月二二日に発生したニュージーランドの大地震後の対応等の負担が加わり、この時期、(松田さんは)過度に消耗していたものと推察される。様子の変化については、妻が違和感を覚えるほどの同人の言動、また、落ち込み、自責感、制止、虚脱感等が出現し、まもなく、自殺に至る経過を踏まえると、遅くとも平成二三年三月上旬頃にF3の「気分(感情)障害」を発病していた可能性が高い。そして、平成二三年三月一一日の自殺は、当該精神障害によって、正常な認識、行為選択能力が著しく阻害され、又は自殺行為を思いとどまる精神的な抑制力が著しく阻害されている状態に陥ったものと考えられる」

と判断し、松田さんの死を業務上の原因によるものとの意見を述べた。F3の「気分(感情)障害」とは、ICD—10(疾病の国際的診断ガイドライン)による精神疾患分類の一つで、うつ病はその代表的なものである。

遺族の証言や専門家の意見を踏まえて、新宿労基署は、松田さんの死亡を労災と認定して、遺族への労災保険金の支給を決定した。

不祥事の背景にあるもの

ところで、二〇一四年四月二九日、NHK夜九時からのニュース番組のトップで、JTB中部の社員が、岐阜県の高校の遠足に使うバスの手配を忘れて、そのミスを隠すために、生徒を装って、遠足を中止しなければ自殺する、という匿名の手紙を高校あてに作り届けて、遠足が中止になるように仕組んだという報道があった。

たしかに、このJTB社員の行為は決して許されないものであるが、「とんでもない奴がいた」ということで、その社員を批判し処分するだけでよいのだろうか。この不祥事の背景には、多すぎる業務量などが関係していないのかどうか、JTBはもとよりジャーナリズムもよく調査をして教訓を導くことが必要である。

年賀状を配らずに廃棄した郵便局の職員もいた。荷物を配らずに放置していた宅配便運転手もいた。こうしたスキャンダルが相次いで発生しているのは、現在の流通・サービス業界であまりにも労働者が忙しいということが背景にあると思われる。

松田さんは、最期まで責任を全うしようとして、ついに力尽きて病に陥り、いのちまで失った。周囲に迷惑をかけまいと必死に仕事をした末の悲劇であった。

災害後対応による過労死

松田さんの死の原因として、ニュージーランド大地震後の対処業務が決定的な負荷となった。現在の日本では、ほとんどの職場が、民間・公務員を問わず、人員数ぎりぎりで働いているので、大地震のような突発的な事態が発生すると、関連する部署の人々が急激に忙しくなり、不眠不休の生活を余儀なくされることが多い。

過労自殺ではないが、電機メーカーの海外マーケティング本部課長の場合には、3・11後に外国人上司二人が海外に脱出するなどして、課長に仕事が集中してしまい、極度の過労・ストレスから四月下旬に急性心機能不全で突然死した(後日、三田労基署で労災認定)。

いうまでもなく、3・11被災地では、官民問わずこのような事例が数多く発生した。宮城県の七ヶ浜町役場では、持病をかかえていた税務課長が、大震災発生直後から約一週間徹夜勤務を繰り返した末に、役所内で突然死した(胃静脈瘤破裂による出血性ショック)。この事例では、持病があったからとの理由で、理不尽にも当初は公務上災害と認められなかったが、不服申立（審査請求）の結果、二〇一四年三月に逆転して公務上災害と認定された。

天災地変は、人類にとって避けがたいことがらではあるが、いつ災害が起きても、これに対応できるようにするためには、避難訓練等の準備だけでなく、公務員や関連企業で緊急対応ができるだけの人員体制の整備があらかじめ求められている。

5　「給料泥棒！」と罵倒されて
——三四歳・医療情報担当者

係長から、「車のガソリン代ももったいない」「御願いだから消えてくれ」などと叱責・罵倒された製薬会社社員が、「もう自分自身気力がなくなりどうにもなりませんでした」との言葉を遺し、死亡した。上司によるパワハラは、多くの労働者を傷つけ、ついには死にまで追いやっていく。ハラスメントをなくす取り組みが求められている。

遺書

二〇〇三年三月、製薬会社日研化学株式会社名古屋支店静岡営業所に勤務していた堀川恒雄さん(仮名)が自死した。つぎの遺書は、堀川さんの上司の上司にあたるX営業所長あてに書かれたものであった(原文のママで人名は匿名に。傍点は筆者による)。

X様

身勝手な事してすみません。色々悩みましたが、自殺という結果を選びました。仕事の上で悩んでいました。日研に入社して13年程になり年数と実力のなさのギャップは日々感じていましたが、係長に教えてもらうには手遅れで、雑談すら無くなりもうどうにもならなくなっていました。恥ずかしながら最後には「存在が目障りだ、居るだけでみんなが迷惑している、お前のカミさんも気がしれん、御願いだから消えてくれ！」とか「車のガソリン代ももったいない」「何処へ飛ばされようと俺が堀川（仮名）は仕事しない奴だと言いふらしたる！」等、言われてしまいました。もう情けなくて何からどうしていいものかわからなくなり、また元気もなくなり自分の欠点ばかり考えてしまい、そんな自分が大嫌いになってしまいました。先月からふと「死にたい」と感じていましたが、家族の事や「このまま終わるか！」と考えると「見返してやる」思っていたのですが、突破口も無くまた係長とはどんどん話が出来る環境になりませんでした。しかし、A先生（注＝顧客先病院の医師）を始め最近の出来事を考えると、自分の努力とやる気が足りないのだと、痛切に感じました。係長には、「お前は会社をクイモノにしている、給料泥棒！」と言われました。

このままだと本当にみんなに迷惑かけっぱなしになってしまいます。また、これからどうするかとも考えましたが、どうしていいかわからなくなりましたし、その元気も無くなりました。確かにYさん(注＝係長)言った通りになりました。

B(注＝顧客先病院の一つ)も所長にはよくいっしょに同行もしてもらっていたのに、すみませんでした。また、Bに限らず私のテリトリーの先輩方が築いた財産を、つぶしてすみませんでした。今度のGRV(注＝薬品名)に関しても、色々考えが甘かったと思います。配置転換・転勤・転職等、他に選択肢もあるし、家族の事を考えると大馬鹿者ですが、もう自分自身気力がなくなりどうにもなりませんでした。

所長の期待を裏切ってすみません。またこの忙しい時期に勝手な事をして本当にごめんなさい。本当にご迷惑おかけしました。申し訳ありませんでした。

人間のいのちと健康を守るはずの製薬企業で

製薬会社が製造・販売している医薬品に関する情報を、医療関係者に伝える仕事に従事する者を、医療情報担当者(Medical Representative 通称MR)と呼ぶ。実質的には営業職ともいえるが、扱う商品が人間のいのちと健康に直結する医薬品であり、MRには、医薬品に関する的確な知識と医療従事者とのコミュニケーション能力が求められる。

本来、製薬会社は人間のいのちと健康を守るという公共性の強い存在であり、その経営においても、とりわけ健康的な職場環境づくりが求められているはずである。しかるに、日研化学名古屋支社静岡営業所においては、係長Yによる常軌を逸したハラスメントが続き、ついに堀川さんの自死という痛ましい悲劇を招いたのである。

堀川さんは、大学を卒業し日研化学に就職してから死亡するまでの十数年間、心身とも健康で順調に仕事を続け、結婚して二人の子どもが出来て、幸せで円満な家庭生活を送っていた。ところが、二〇〇二年四月、堀川さんが所属していた静岡営業所静岡２係（静岡県東部の病院を担当）の係長にYが赴任してから、状況が一変した。

Yが静岡２係に来る前の係長は、MとSであったが、堀川さんと二人の上司との間には特段の問題は生じていなかった。しかしながら、Yは赴任した年の秋頃から、営業成績や仕事の仕方に関連させて、堀川さんにきびしい言葉を執拗に浴びせるようになり、その内容は、遺書に書かれているように人間の尊厳を否定するほどの酷い叱責であった。遺書に書かれた以外にも、Y係長が堀川さんに対して「硫酸で顔を洗ってこい」と言ったとの証言もある。

この結果、堀川さんは、二〇〇二年暮れ頃から、心身の変調を来し始めた。一二月末頃には、同僚の中には、堀川さんに元気がないと感じるようになった者がいた。また、家庭内でも、睡眠中に冷えを感ずるようになり、毎朝四時か五時頃に目が覚めるようになった。年が明けてからは、好きだった映画を見にいかなくなり、テレビゲームもやらなくなるなど、趣味への関心・興味も薄れ、疲れている様子が周囲から見てとれるようになっていた。さらに、普段は食事を残すことのない堀川さんが、一月中旬に、妻の母が作った唐揚げを食べずに残したこともあった。

顧客先病院の医師に土下座

こうして心身の健康を損なう状況の中で、堀川さんは、一月下旬に、担当していたB病院のC医師から、単価が高価な薬品であるグロウジェクトペン(ペン型ヒト成長ホルモン注入器)の新規患者を紹介されながら、会議を理由にこれを断り、結果的に同業他社に奪われるという失敗をした。

そして、二月には、新規グロウジェクトペンの使用方法に関して説明に来て欲しいとのC医師からの依頼に対して、堀川さんは迅速に対応できず、その後、所長からYと一緒に医師を訪問するように指示され、医師の診察室を訪ねた。その際、堀川さんは、C医師に土下座をして謝罪した。C医師は、堀川さんの異例な行動に驚き、彼の精神的異変を感じた。

さらに、三月に入ってから、別の病院のA医師から、すでに実施されたシンポジウムについて案内を受けておらず、情報も伝えられなかったことについて不満が述べられた。堀川さんは、所長とともにA医師のもとに謝罪に赴いたが、同医師から担当者の交代を求められた。

遺書の中に出てくる「A先生を始め最近の出来事を考えると、自分の努力とやる気が足りないのだと、痛切に感じました」「Bも所長にはよくいっしょに同行もしてもらっていたのに、すみませんでした。また、Bに限らず私のテリトリーの先輩方が築いた財産を、つぶしてすみませんでした」の部分は、この一月下旬から三月上旬にかけての一連の出来事のことである。

こうした失敗やトラブルが続いた後、堀川さんは、三月上旬の未明自死した。

同僚たちから遺族への謝罪の言葉

死亡後三週間ほど経ってから、堀川さんの同僚四人が遺族宅を訪れ、二六人の名古屋支店従業員及び元従業員らの連名による文章と見舞金を遺族に手渡した。この文章とはつぎの内容のものだった。

堀川様

この度の件につきまして、誠に申し訳ございませんでした。同じ名古屋支店に所属しながら、こういう結果をむかえてしまい、なんともお詫びのしようがございません。

この見舞金は名古屋支店の有志から(中略)自然に集まったお金でございます。何かのお役に立てて頂ければと思います。

誠に申し訳ございませんでした。

有志一同

有志がこのような謝罪文を持参したのは、堀川さんが亡くなる以前から、同僚の間でYの言動に問題が多いことが知られていた事情が背景にある。

東京地裁判決(後述)は、「他者から見たY係長の印象等」として、つぎのような事実を認定している。

「部下との間では、ものの言い方から口論になる等、衝突することが多かった」

「前後を考えないで決めつけたようなものの言い方をし、個人攻撃にわたることもあった」

「部下に対する指導の面において、どうすれば解決できるかという建設的な方向性ではなく、直截《ちょくせつ》なものの言い方で単に状況だけをとらえて否定的な発言をするとも受け取られる面があるため、相談を持ちかけにくく、部下や若い人からは、人気がなかった」

本件パワハラの背景

それにしても、なぜ、このような問題の多いYが理不尽な言動を繰り返すことを会社上層部が放置していたのだろうか。

まず、業績至上主義の思想があったと考えられる。Yは、営業職としての業績は順調であった。他方、二〇〇二年四月段階で、静岡2係の営業成績は、会社全体の営業拠点四七か所中四一位と下位にあり、会社としてはこの低迷状況を変えようとして、言動に問題が多いことを認識しながらも、Yを静岡2係に赴任させたと思われる。だが、一般に営業成績というのは、担当地域の様々な外的な条件によっても制約されるものであり、また、静岡2係は、係長と堀川さんともう一人のMRの三人体制であったのだから、堀川さん個人がとくに責められるのは筋違いであった。

より根本的な理由として、会社本社上層部、名古屋支店上層部において、パワーハラスメント(パワハラ)というべき上司の言葉の暴力に全く鈍感であり、これをやめさせる労務政策が一切なかったことである。堀川さんが死亡した後も、会社幹部は、死亡原因を誠実に調査せず、遺族に謝罪することもなく、また、Yを処分をした形跡もなかった。そして、遺族に対して、堀川さんの死に関して一切非を認めようとしなかった。そこには、職場で働く者の人権を尊重するという姿勢が全く感じられなかった。

パワハラ容認の労基署の誤りを正した裁判所

堀川さんの妻は、夫の死は上司による異常なパワハラが原因であると考え、残された幼い子どもたちの生活のためにも、また、会社の異常な体質を変えさせるためにも、行政機関が動いて欲しいと願い、静岡労基署に労災申請(労災保険の適用申請)を行った。しかしながら、労基署は、Yの言動はさほどたいした問題でないし、堀川さんに長時間労働があったわけでもないとして、業務外の死亡と判定した。当時、私は、遺族代理人として静岡労基署に何度も足を運び担当官に事件の内容を説明したが、労基署の業務外決定(労災不認定)に実に悔しい思いで一杯だった。

遺族は、この労基署の決定に異議を申立て、二〇〇六年には東京地裁に行政訴訟(労基署の誤った処分の取消を求める訴訟）を提訴した。裁判所での審理では、堀川さんの元同僚の一人（退職者）がYの酷い言動について証言し、また、職業病に詳しい精神科医師が、堀川さんはパワハラによる極度のストレスで精神疾患を発症し、その結果死亡したとの鑑定意見を述べた。

二〇〇六年〜〇七年頃には、酷いパワハラがあっても長時間労働の事実がない場合には、自殺は、ほとんど労災とは認められていなかった。そうした中で、東京地裁は、本件Yの言動の異常さを適正に認定したうえで、堀川さんの死を労災と判断し、静岡労基署の誤りを正したのである。司法の良識を発揮した画期的な判決といえる。

この判決当日夜の「NHKニュースウオッチ9」では、事件の内容を詳しく報道して、職場のパワハラの現状に強い警鐘を打ち鳴らした。

そして、厚生労働省は、この道理ある判決に対する控訴を断念し、後になって、この判決を下敷きにして、パワハラ事案における精神障害・自殺の労災認定の考え方を一部改正する通達も出すに至った。

とはいえ、わが国では、欧州やカナダと比較しても、職場でのパワハラをなくすための行政、民間の取り組みがまだまだ遅れており、その改善が強く求められている。

6　脅迫された被害者なのに左遷されて

——五一歳・中間管理職

経営者の方針と現場の従業員の間にあって、対応に苦慮している中間管理職が多い。とくに、経営陣がリストラ政策を遂行する過程では、中間管理職は、現場との軋轢《あつれき》で、悩み苦しむ。ときには、部下が中間管理職を脅かすという異常事態も発生する。このような事態の中で精神的に追い詰められ、自死に至った管理職がいる。

読者からの一通の手紙

一九九八年四月二〇日『過労自殺』初版(岩波新書)が発刊されてから約一か月後、岩波書店経由で、私に一通の手紙が届いた。

『過労自殺』著者川人博様

前略　私は、二二歳の会社員です。先月の終りに父が自殺し、今は母と妹と私で三人暮しとなりました。あまりに突然の事で、自分自身何があったのかよく理解できておりませんが、父が残した遺書と日記を読むと、会社でのトラブルに相当悩んでいたようです。昨年の春、父の会社ではリストラが始まり、父は退職を勧告する仕事をまかされましたが、その退職通知を受けた中の一人が、何とか会社に残るために、父のことをおどしたり（家族に暴力をふるうぞ……等）、社長や組合へどなり込んだりと大問題となり、実は、その人を雇ったのは父で、父はその責任を取らされ、他部署へとばされました。この一年間そんなことでかなり悩み落ち込み、口数も少なくなっていました。それでも、死を選ぶなんて信じられません。この本の中に載っている「過労死一一〇番」の連絡先をぜひ教えて下さい。会社は、父の死でまた異動があったり、私達の様子をうかがうかのように電話をしてきたり、家に来たりします。女三人では、何の知恵もなく、相談できる人を探しております。どうぞよろしくお願い致します。

手紙を受け取ってしばらく経ってから、私は、手紙の女性会社員（以下、長女という）と面談した。

彼女の父河野明さん(仮名)は、株式会社小田急レストランシステムに勤務していたが、一九九七年初め頃から一年間以上にわたって、部下のAから執拗な嫌がらせ・脅迫を受け続けた。本来、社長や幹部は不当な攻撃から河野さんを守るべきにもかかわらず、逆に彼を左遷するに至った。すなわち、加害者はそのまま職場に残り、逆に、被害者の河野さんは、会社から冷遇される身となった。彼は、左遷後二日目に自宅を出たものの出勤せずそのまま行方不明となり、翌日、ある山中で自死体として発見された。その付近は、小さい頃、彼が蟬とりに行ったことのある思い出深い場所だったという。

手帳の日記

河野さんが書き残した手帳には、三月一一日から四月二二日までの出来事が記されていた(原文の一部、傍点筆者)。

3/11　3Fにて昨日の会談の模様を聞く。
自宅近隣にビラをまくとのオドシ有。

家族の事、家庭の事を考えると滅入る。

社長、専ムのトップ会談にゆだねられたらしいが、自分に対する処分は必至。

現在会社を退めるわけにはいかない。

ローンの事、学ヒの事、生活ヒの事、今の生活を破滅させるわけにはいかない。

自分の運命が他人にゆだねられているのがおもしろくない。

自分自身50年人の道を踏み外したとは思わない。

暴力の前に対策が無い事がくやまれる。

3／12　一日中生死について考える。

昨日は睡れない夜だった。

死に場所についても考えている。バカバカしい。

3／13　遅々として事態の変化はないようだ。

信頼できる人がどんどん少なくなるようだ。

今思えば自分はずい分敵を作ってしまった。不満を持った人を多くつくってしまった。

会社も今後は不都合のある人を一ヶ所に送り込まないで辞める、辞めさせる方法を考えていかないと今後も問題をおこす。

家庭、家族は守らねばならない。今はそれだけ。
もし自分が死ぬ様な事があったら、葬儀一切必要なし。遺灰にして山にまいてくれ。墓の必要もなし。思いある人々が記憶の片スミにとどめておいてくれればそれでいい。
3/16　15日○○宛TEL○○に入る。会って話したいむね要請あるもことわったそうだ。その際「新宿は歩けなくなるぞ」と脅し文句を言う。○○曰く組織は右翼とのこと。
3/24　支配人と自分の異動は不動であろう。早く結着を。
彼が我家の構成、人相等迄、他人にもらしている事が不安のタネでもある。
妻には多少の事は伝えたが、子供には怖がらせてはいけないと思い未だ伝えていない。
3/30　しかしよく々考えると何故、脅迫者たる者が会社に居残り私などが異動をよぎなくされるのは異常な事態としか思えない。
4/3　小田急百貨店に対し担当者を変えるむね小田急百貨店専ムにお話したとの事……
皆がナットクのゆく異動が可能であろうか？
4/9　仕事の有るセクションであれば良いが、たいくつな部所であったらどう過していやら。現場しか経験のない私は仕事のない時のむなしさはやりきれない。この一年間のガマンはなんであったのであろう。

4／13　自分が本社で仕事もなくいる場面を想うとゾッとする。
4／16　○○部長よりTEL異動○○決定との事。
4／20　いままで順風満帆に過してきたが終盤に近くなり負けてしまった。30年間築いてきたものは何んだったんだろう。
この年令での異動であるからあとはイヂワル、イヂメしかないかも。
4／22　自分に味方をする人間は皆無と再認識。追われる者には誰も付いてこない。
○○氏も自分に対し冷淡であった。
自らまいた種は自らつめということ。
明日から厳しい勝負が始まる。負けまい。

手帳の最後には、次の言葉が綴られていた。恐らく山中で書いたものと思われる。

今は淡々とし静寂のみが支配している。
憎しみは憎しみしか作らないから
あの世に持って行く。

そして、河野さんのカバンの中には、家族あての遺書も入っていた。

その冒頭は、「悔いだらけの人生でした、未熟な夫、父であった、という想いでいっぱいです」という言葉で始まり、最後に、妻あてに「ゆるしてくれ」、子二人あてに「母さんをたのむぞ」と書かれ、「1998・4・24　18：00」と記されていた。

中傷ビラ

亡くなった河野明さんは、一九七〇年代に株式会社小田急レストランシステムに入社した。同社は、小田急電鉄沿線に各種飲食店を展開するとともに、小田急電鉄及び小田急百貨店の社員食堂、小田急電鉄車内サービスなどを運営するフードサービスの会社である。河野さんは、入社後給食事業部門に配属され、小田急グループ会社員に対する給食事業に従事し、一九九五年頃から、給食事業料理長と新宿第二店舗店長とを兼務していた。また、中間管理職として、従業員の雇用に関連する業務も行っていた。

河野さんに対する同僚の評判は、「真面目」「几帳面で周りに気をつかう」「仕事ができる」「頼りにされていた」などいたって好評であり、職場組織での人間関係、友人関係についてもとくに問題とされることはなかった。

一九九五年頃に会社がAを雇用(契約社員)するに際しては、河野さんが推薦人となったが、Aの評判は社内で悪かった。そして、一九九七年二月頃、会社が従業員の人員整理をする方針を打ち出し、Aが退職勧告対象者の一人として挙げられた。

こうした経緯の中で、Aは、河野さんが食堂のお金を着服したとか、倉庫のビールを飲んだとか、女性を尾行し口説いたとか、全く事実無根のことがらを書いた中傷ビラを作成して、これを店員食堂の顧客でもある小田急百貨店の労働組合に持ち込んだ。

このため、会社は小田急百貨店やその労組から店員食堂の規律に関して強い疑念をもたれ、その対応に追われた。また、河野さんは、会社から、このビラに書かれていることに関して事情聴取を受けたうえ、会社の信用を損なったとして「始末書」を提出させられた。また、新宿第二店舗の店長職を解任された。

会社の理不尽な対応

さらに、一九九八年に入ってから、Aは雇用契約の更新にあたり、中傷ビラを社長に送付し、問題を蒸し返した。これに対して、会社上層部は、三月末までにAとの雇用契約を更新し、他方では、河野さんに再度の事情聴取を行い、証拠もないのに厳しい質問を浴びせた。そして、何らの不正がないにもかかわらず、四月二三日から事実上の左遷となる配置転換を命じた。同日、営業部の部長からは、「当面、名刺は作りません」と言われた。河野さんの直属の上司(支配人)もまた職を解かれ、地方に左遷された。

要は、会社上層部は、小田急グループの顧客からの苦情に関して、物事の是非を明確にして労務政策を実行するのでなく、トラブルメーカーをそのまま温存し、中間管理職二人に責任を押しつけて「解決」をはかったのである。

Aの執拗な嫌がらせ・脅迫に加えて、会社上層部による理不尽な対応によって、河野さんの心理的なストレスがますます強いものとなり、日記のように、一九九八年三月には、希死念慮も出ていた。自宅で、河野さんは、自分の部屋にこもることが多くなり、好きな山登りやスポーツ観戦に出かけることもなくなっていた。

これらの状況から、河野さんは、亡くなるまでにうつ病に罹患し、その結果、希死念慮が生まれ、自死に至ったと推定される(天笠崇精神科医の鑑定意見書)。

妻も病死し、子二人が労災申請

河野さんが亡くなってから数か月後、残された妻は、社長あてに手紙を送ったうえで、長女と一緒に会社に出かけ、社長と面談した。この際、社長は、「本人がそこまで考え込んでいるとは全く気付きませんでした」の一点張りだった。

ただし、妻は、労基署に労災申請を行うのをためらった。夫の死は会社でのことが原因であると分かってはいても、心のどこかで自分を責める気持ちがあったのだと思われる。長女は、きちっと労災申請をし、会社にも責任を取ってもらいたいとの気持ちを強めていたが、「母の苦しみや悲しみに日々接していただけに、それ以上、母に無理を言うことはできませんでした」と当時の心境を語っている。

そして不幸が重なった。夫が死亡してから約四年後、妻が闘病生活の末病死した。長女は、後に裁判所(行政訴訟)に提出した陳述書の中で、つぎのように労災申請に至るまでの心境を述べている。

「父の突然の死と、それについて何も真実が会社から明かされないこと、会社から何の謝罪もないこと、そのような過度のストレスが母の体を蝕《むしば》んだのだと、私たち姉妹は考えています」

「母の闘病中、私は、父の労災申請をし、会社と闘う決意を新たにしました。絶対に、労災と認めてもらい、会社に謝ってもらおうと考えました。それは、父だけでなく、母の幸せな生活、母の健康までも、小田急レストランシステムという会社によって、奪われたと感じたからです」

「母が、がんの痛みに悶《もだ》え苦しんで息を引き取る寸前、私は、「今、聞いておかなければ」と思い、「お母さん、お願い、お父さんの労災申請していい」と叫びました。母の意識は、既に朦朧《もうろう》としていて、私の言葉が届いたかは分かりません。母は間もなく息を引き取りました」

そして、河野さんの妻が亡くなってから半年後の二〇〇二年一一月、長女・次女は、労災申請を労基署あてに行った。

東京地裁が労災と認定し、確定

しかるに、当時の全国の労基署は、長時間労働以外の自殺事案では、ほとんどすべて労災と認めていなかった。渋谷労基署は、河野さんの残した手帳など証拠があるにもかかわらず、彼の死を業務外の死亡と判断した。行政機関に対する異議申立手続(審査請求、再審査請求)では、長期にわたり結論が引き延ばされたあげく、結論は変わらなかった。とくに労働保険審査会(再審査を担当)では、請求を受けてから裁決まで約二年半も費やした。やむなく、二人は、労基署の違法不当な決定の取消を求めて、行政訴訟を提訴した。そして、二〇〇九年五月二〇日、東京地裁が原告側の主張を全面的に認めて、河野さんの死を労災と判断した。厚生労働省は、控訴せずこの判決は確定した。このときすでに、河野さんの死亡から実に一一年余の歳月が経過していた。

経営者たる者は、現場との様々な軋轢の中で働く中間管理職の立場をよく理解し、社内や顧客とのトラブルの対処にあたっては、いわゆる「事なかれ主義」を排し、事実と道理にそった解決策を講じなければならない。

また、労基署等各行政機関は、中間管理職の実態を的確に把握し、本件のようなハラスメント事件に適正に対処しなければならない。

7　医療現場の過酷な労働
――二九歳・外科医師／四四歳・小児科医師

医師の過重労働が深刻な社会問題になっている。とくに、小児科、産婦人科、外科などでは、長時間労働、当直回数の多さ、医療事故訴訟の多さなどが原因となり、人員不足が続き過労死・過労自殺にまで至る事例が発生している。医師の過酷な勤務条件は、医療の質の低下、医療事故の発生にも結びつく。医師の健康なくしては、健全な医療は成立せず、抜本的な改革が求められている。

「休息したい」

外科医杉村孝二さん(仮名、二九歳)は、一九八九年一〇月より一九九二年三月三一日まで土浦協同病院の外科勤務医として働いたが、同年四月初め転勤直後に自死した。

「警察の方へ」と題した遺書には、「動機は、毎日の生活に心も体もつかれ、精神的にまいってしまい、休息したいということです」と書かれていた。

杉村医師の遺族(両親)は、労災保険(遺族補償)の時効成立直前の一九九七年四月初旬に、土浦労基署に労災申請をしたが、同労基署が不認定(業務外決定)とした。労災保険審査官や保険審査会への異議申立(審査請求、再審査請求)も長い期間待たされた後に棄却された。そのため、二〇〇二年八月、父親が国(土浦労基署)を被告として、遺族補償給付不支給処分取消の行政訴訟を水戸地裁に提訴した。

二〇〇五年二月二二日、水戸地方裁判所は、杉村医師の死を業務上の死亡、労災と認める判決を出した。医師の過労死・過労自殺をめぐる行政訴訟としては、初めての判決だった。国側が控訴を断念したため、水戸地裁の判決は確定した。

二年半で休日がわずか二七日

土浦協同病院で杉村医師は、外来患者の診療、外科手術(平日ほぼ毎日一人から数人の患者)、入院患者に対する診療、検査業務(内視鏡等)、緊急患者に対する診療(日直当直などの業務)、診療経験に基づく学会等への論文書類の作成などを行っていた。杉村さんは、患者や医療スタッフによく配慮して気をつかう性格で、周囲の評判がとても良い医師だった。また、几帳面で

表 1-5　杉村医師の時間外労働時間数一覧表
（1989 年 10 月～92 年 3 月．宿日直を含む）

年．月	時間数	年．月	時間数	年．月	時間数
89．10	175.0	8	123.5	6	160.0
11	202.5	9	127.0	7	171.0
12	259.5	10	166.0	8	155.0
90．1	235.5	11	168.0	9	178.0
2	157.5	12	189.5	10	183.0
3	156.5	91．1	146.5	11	186.0
4	175.5	2	169.0	12	131.0
5	179.5	3	170.0	92．1	183.5
6	167.5	4	147.5	2	156.5
7	145.5	5	149.0	3	204.0

（注）数字は，水戸地裁が認定したもの

真面目な性格で、人間のいのちを直接左右する責任を自覚し、真摯《しんし》に手術や治療にあたっていた。

　同病院は、救急指定病院として重症の救急患者も多数受け入れており、患者数に比して医師の人員が不足していた。常磐高速道路での事故被害者もしばしば緊急搬送されてきた。杉村医師が在職当時の同僚医師の証言では、常時二人くらい外科医が不足しているという実感だったという。

　このため、杉村医師は、二年半にわたり、土日も盆も正月もまともに休めない生活を続けざるを得なかった。

　労基署など行政機関の調査手続の段階では、杉村医師の時間外労働時間は、給与明細書どおり一か月八〇・五時間と見なされていた。ところが、病院で勤めていた医師から得た情報によれば、「もっと多くの時間外労働だった。その実際の労働時間を記録したメモを、若手医師が病院側に提出していたはずだ」とのことだった。そこで、訴訟の中で、遺族側がこの労働時間メモの存在を主張し、病院からの取り寄せを求めたところ、裁判の中盤になって、証拠として提出されるに至った。

このメモによれば、杉村医師は、時間外労働を常に一〇〇時間以上行い、二〇〇時間以上の月もあり、平均すると月約一七〇時間にも達することが明らかになった。二年半(三〇か月)の間で合計二七日しか休日がなく、休日は平均月一回にも満たず、休日ゼロの月が度々あった。大晦日も正月も仕事漬けだった。表1−5は、裁判所が認定した杉村医師の時間外労働時間数である。

恒常的な睡眠不足、体調の悪化

杉村医師は、病院からそう遠くないアパートに住んでいたが、担当患者や緊急患者の対応のため、アパートにいる時にも病院からの電話を受けたり、ポケベルで連絡を受け、相談に応じて指示をしていた。病院に呼び出されることも少なくなかった。このため、アパートにいても落ち着いて睡眠をとることができなかった。

当直の際には、ほとんど睡眠をとれなかった。当直は夕方五時から翌朝九時までだったが、土浦協同病院では、一次、二次、三次のすべての救急患者を受け入れたためとくに忙しく、

「(当直の医師は)うとうとしていると起こされというふうな感じで、大体一晩終わっている」「当直は、一次から三次までを全部診るという形でしたので、非常に、時間外の患者さんをたくさん診ることが多かったですね。病院当直にあたって、患者さん来なくてゆっくり寝れるといったようなことはまずなかったです」と、同僚医師は証言した。

このように一日二四時間、一年三六五日、仕事から解放されないという異常な生活が続く中で、杉村医師の心身の健康が悪化していった。実家に帰ってきていた時の息子の様子について父親は、「痩せて、やつれていたのを見ていて心配をしていた」「何かとくに思い悩むことがあるかというとそういうことではなく、心身ともに疲れ切っていた」と述べ、同僚医師は、「痩せて、髪の毛が薄くなった」「精神と体のバランスがおかしく、ノイローゼのようになっていたのではないだろうか」と述べた。ある看護師の証言では、「よく眠れない」と訴え、睡眠薬を飲んでも効かなくなり、注射をしてようやく眠っていた様子だったという。

心身疲れ果てて、杉村さんは、四月都内に転勤直後自死に至った。

小児科医師の遺書

中原利郎小児科医師(部長)は、都内の佼成病院で医療に従事していたところ、一九九九年八月、「少子化と経営効率のはざまで」と題する遺書を残し、病院ビルの屋上から投身して死亡した。

その遺書には、

検査にしても協力が得にくい小児の場合には、泣いたりわめいたりする子供をなだめながら実施しなくてはなりません。

現行の医療保険制度はこのように手間も人手もかかる小児医療に十分な配慮を払っているとは言えないと思います。

現在は、常勤４名体制で、ほぼ全日の小児科単科当直、更には月１～２回、東京都の乳幼児特殊救急事業に協力しています。急患患者数では、小児の方が内科患者を上回っており、私のように四十路半ばの身には、月５～６回の当直勤務はこたえます。また、看護婦・事務職員を含めスタッフには疲労蓄積の様子がみてとれ、これが〝医療ミス〟の原因になってはと、ハラハラ毎日の業務を遂行している状態です。本年１月には、朝日新聞に、私の大学時代の同級生の〝過労死〟のニュースが報じられました。(これは現場の我々には大変ショックでした)。

間もなく21世紀を迎えます。

経済大国日本の首都で行なわれているあまりに貧弱な小児医療。不十分な人員と陳腐化した設備のもとで行なわれている、その名に値しない(その場しのぎの)救急・災害医療。

この閉塞感の中で私には医師という職業を続けていく気力も体力もありません。

などの言葉が綴られていた。

常勤医師が半減して

中原医師は、真面目で朗らかで、自分の意見をしっかり持っており、責任感が強く患者の信頼が厚かった。彼は、一般外来、専門外来(川崎病や予防接種)、入院患者の担当、休日夜間診療の当直、カンファレンス、看護学校の講師などを業務として行っていた。加えて、一九九九年一月に部長代行就任に伴い、小児科の総括責任者として病院会議・診療部長会議への出席、外勤の非常勤医師の診療や看護師の処置に対するチェック、所属職員の勤怠管理などの業務も付加されることになった。

同病院では、一九九九年一月に前任の小児科部長が定年退職し、中原医師が部長代行となったが、他にも常勤のベテラン医師が退職したにもかかわらず、代替医師の補充がスムーズに行われなかった。

この結果、三月には常勤の医師が実質的に半減してしまい、中原医師は、月に八回もの当直勤務を余儀なくされ、休日も二日しかとれなかった。四月もまた六回の当直となった。すでに四〇歳半ばを迎えている中原医師にとって、心身に大きな負担となったことは間違いない。

一九九九年三月、四月になると中原医師は、当直明けでなくとも大変疲れ切った様子で、帰宅するなり横になることが多くなった。また、自宅で電話の音が鳴ると、病院からの呼出しの電話ではないかと過敏に反応するようになった。このような中原医師の様子から、家族は彼に気をつかって生活をしていたが、ある日彼は泣き声で「ゴールデンウィークが明ければもう一人先生が入ってくる。そうすれば自分も少しは楽になるから、もう少し待ってくれ」と言って頭を下げるという出来事があった。

しかし、五月になると、部長会議の日の前日に、とくに神経質になり、定期購読していたサッカー雑誌にも関心を示さないで放置することが多くなるなど、趣味に対する関心が希薄となった。さらに六月になると、自宅でも職場でも怒りっぽくなり、不機嫌な状況が続いた。また、自宅で長男にまくし立てたり、急に嘔吐し、泣きながら眠り込んでしまうなど、明らかに異常な言動が目立つようになった。そして、ついに八月の半ばに自死するに至った。

労基署が労災と認めず、東京地裁が認定

中原医師の妻中原のり子さんは、夫の死が過労死であると考え、新宿労基署に労災保険の適用を求める労災申請を行ったが、同労基署は、労災と認めなかった。その理由として、たとえば、当直に関しては、患者が来院し治療した時間帯以外は、すべて休息がとれて通常の睡眠をとれたはずであると説明し、およそ当直の実情を理解せず、中原医師の心身の負荷が強いものでなかったと判断したのである。

このため、遺族は、労基署の決定を変更させるための訴訟(国が被告の行政訴訟)を提訴した。東京地裁は、医師の証人尋問なども踏まえて、二〇〇七年三月一四日、中原医師の死亡を労災であるとの判決を出した。この判決は、『朝日新聞』が一面トップ記事(東京本社版)で報道したのをはじめ、大きな社会的反響を呼び、少子化時代の小児医療の現状を改革するための重要な

問題提起となった。そして、この判決に対し国は控訴せず、確定した。なお、遺族と病院との間の損害賠償訴訟は、最終的に最高裁で和解が成立した。

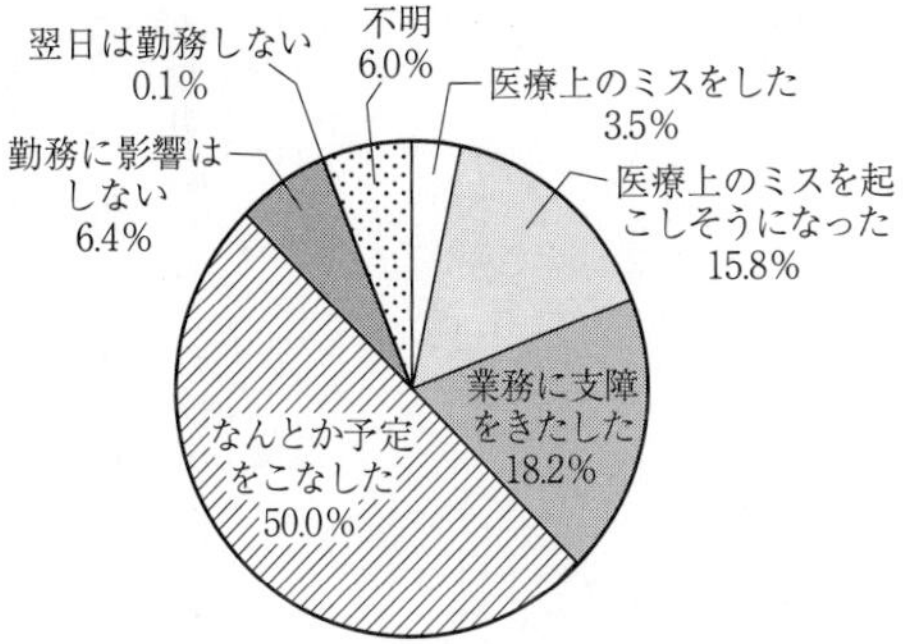

図 1-1　当直翌日の診療業務への影響

(出典)「勤務医の現況」(東京都医師会勤務医委員会，2003 年)

医療の質にとっても深刻な事態

医師の過酷な勤務条件は、医療の質の低下、医療事故の発生という観点から見ても深刻な事態である。「勤務医の現況」(東京都医師会勤務医委員会、二〇〇三年)によれば、「当直翌日の診療業務への影響」について、「医療上のミスをした」が三・五%、「医療上のミスを起こしそうになった」が一五・八%、「業務に支障をきたした」が一八・二%となっており、「翌日は勤務しない」は、わずか〇・一%に過ぎない(図1-1)。

杉村医師や中原医師の場合、本人の超人的な努力により医療事故は発生しなかったが、医師自身の健康が破壊され、悲しい結果を招来した。

残念なことに、現在に至るも、多くの医療現場で医師の過労死・過労自殺が発生している。とくに、外科・小児科・産婦人科などで目立っており、これらの部門では、過酷な勤務条件と医療訴訟の多さが影響して若い医師のなり手が少なく、専門医不足が深刻な社会問題となっている。

8　破れた新任女性教員の夢
――二三歳・小学校教員

日本社会にとって、一人ひとりの子どもたちは、かけがえのない存在である。小学校や中学校の果たす役割は、ますます重要になっている。しかしながら、他方では、その大切な教育を担う教員たちが、あまりに多忙な仕事、管理職の不適切な管理、保護者との軋轢などで、精神的な病に陥り、いのちまで失っている。

新任後わずか二か月後の悲しい死

無責任な私をお許し下さい。全て私の無能さが原因です。家族のみんなごめんなさい。

二〇〇六年四月、夢と情熱をもって小学校教諭として第一歩を踏み出した新任教員竹下恭子さん(仮名)は、そのわずか二か月後の六月一日、ノートにこのように書き残して自死した。まだ二三歳の若さだった。

竹下さんは、生まれてから教員になるまで、心身ともいたって健康であった。真面目で優しい性格で多くの友人から慕われており、大学の指導教官は「明るくやさしい人柄といい、仕事内容の的確さといい、責任感の強さといい、実行力といい、非の打ち所のない学生だった」旨述べている。また、ボランティア先の学校長も「表情が豊かで、とてもさわやかな印象を受けた。おっとりしているようで芯の強さを感じた。教育を積極的に学ぶ姿勢も見受けられた」旨述べている。このように周囲から評価され将来を期待されていた彼女がなぜ赴任後わずか二か月で悲しい死に至ったのだろうか。

単学級の学校でクラス担任

竹下さんは大学を卒業後、都内新宿区内のA小学校に着任した。A小学校は、いわゆる単学級の学校で、一年生から六年生まですべて各学年に一クラスしかなく、竹下さんは、二年生のクラス担任となった。このため、竹下さんには同じ学年に、相談できる先輩教員が存在しなかった。彼女は友人に「一学年一クラスなので、相談する人がおらず、自分でやらないといけない」と話していた。

加えて、A校は、二〇〇五年度には常勤教員一〇人(うちクラス担任六人)だったが、二〇〇六年度の人事異動により、クラス担任六人のうち四人が他校に移り、他にも一人が異動した。このため、四月、五月には、ほとんどのクラス担任が、着任したばかりの慣れないA校での職務に忙殺されており、竹下さんが他の先輩教員に指導上の悩みや相談をもちかけることは事実上困難な職場環境であった。なお、A校は、二〇〇五年度に新宿区の研究指定校(二年間)を受けていたが、にもかかわらず、前述のような大幅な人事異動があり、このことも、二〇〇六年度のA校教員の負担となっていた。

負担の重い新任教員の四~五月

竹下さんには、クラス担任としての職務(教科指導二四時間、学級指導・学級運営)の他にも、学習指導部(道徳部、生活総合部)、生活指導部、給食指導部、渉外部、各種委員会(展覧会委員会等)、クラブ活動(サッカー、バスケット)、新教研(国語部研究会)等の職務が割り当てられた。

どのような業種・職種でも新任後の一定の期間は研修期間などがあり、新任直後からすべてを任される仕事に就くということは珍しい。ところが、学校教育の現場では、大学卒業後すぐの四月から、いきなりクラスの学級経営・保護者対応をすべて任され、新人には過度の負担となることが少なくない。

四～五月という時期は、経験ある教員でも、入学式などの各種行事や学級づくりを行うために、自分自身の役割分担の職務を遂行するのにかかりきりになり、新人への教育指導を行うだけの余裕がない。そして、前述のとおり、人事異動のためA校では新規に着任した教員が多かったために、なおさら、竹下さんへのサポートが弱く、彼女の精神的負担は大きなものとなった。同居していた家族は、竹下さんが四月の最初の一週間からすでに仕事に追われていた様子で、「明日の授業のことを考えるといつまでたっても仕事が進まない」と述べていたという。

残業・休日出勤・自宅労働をしても追いつかず

竹下さんの勤務時間は、本来は午前八時一五分から午後五時までであるが、実際には、午前七時三〇～四〇分頃には出勤し、夜は午後八～九時頃まで仕事をすることが常態化していた。通勤時間は約一時間余だったので、朝六時三〇分までに自宅を出て、夜は九～一〇時頃に帰宅していた。校内では休憩時間は実質的にはとれておらず、また、土日のいずれかは出勤して仕事を行っていた。

加えて、同居していた家族の話によれば、自宅で深夜まで様々な文書をつくる作業をしており、夜中の二時頃までパソコンに向かうこともあったという。

この結果、竹下さんの超過勤務時間(時間外労働時間)は、一か月一〇〇時間をはるかに超えており、睡眠時間は四～五時間程度しかとれなかった。

それでも仕事ははかどらず、着任後二週間程度経過した時点で、友人に「全部の授業が遅れている」と述べ、四月二八日に友人たちの集まりの席で「授業の準備などで休憩時間もつぶれてしまい、子どもたちと全然遊べない」と話していた。

四月五月には、学級指導・学級運営以外にも、遠足実地調査、生活部会、保護者会、研究分科会、展覧会委員会、家庭訪問、校内研修会、ＰＴＡ総会などの様々な学校行事があった。クラス運営で時間的余裕を失い、悩みを深くしていた竹下さんにとっては、これらの行事が一層の負担となった。

保護者からの批判に悩み苦しむ

竹下さんのクラスのある保護者(以下、保護者Xという)は、四～五月、繰り返し連絡帳に竹下さんの教育指導に対する疑問、批判的意見を書き、竹下さんはその対応に苦慮した。四月一一日の連絡帳には、子どもが自分の名前を書くときに習った漢字以外は使ってはいけないというのはなぜかとの疑問が書かれ、竹下さんが翌日に電話で説明をした。一七日の連絡帳には、三日前に起きた子ども同士のけんかについて面談の申し出があり、竹下さんは電話で説明をした。二〇日の連絡帳には、漢字の宿題を出してもらいたいとの意見が出された。五月二日には、期待していたような宿題が出ていない、集めたノートが戻ってこない、下校時間が守られていない、などの意見が書かれていた。また、今までの意見に対する竹下さんの回答につき、簡単すぎる、もっと具体的に書くようにとの意見が書かれていた。

そして、五月二二日の連絡帳には、週予定表をもらっていない、宿題の出し方が安定していない、子どものけんかで授業がつぶれているのが心配、などの意見に加えて、竹下さんが子どもに向き合っていないのではないか、結婚や子育てをしていないので経験が乏しいのではないか、今後校長と面談することも考える、などと竹下さんの人格を否定するような批判まで書かれていた。

五月二二日の連絡帳があまりにも厳しい内容だったので、竹下さんは、新任指導担当教員にその内容を伝え、同教員は校長に報告した。しかるに、校長から竹下さんに保護者に電話するように指示があり、竹下さんは「すみません」と保護者に謝った。同日夜、竹下さんは、家族に「連絡帳にびっしり書いてくる保護者がいる。何を書いて返せばいいのかわからない」と、悩みを打ち明けていた。家族が竹下さんから聞いたところによれば、彼女がコメントを付して返したところ、保護者Xがそれを消しゴムで消して「もういいです」と書いてきたこともあったという。

校長が竹下さんから保護者Xに電話させたのは、Xの竹下さんへの攻撃的な姿勢から考えると、竹下さんに一層の心理的負担を与えた可能性がある。

疲れ果てて……

五月二三日にクラスの子ども二人がけんかになり、二四日には四人がけんかになった。こうした中で、二五日、二年生のクラス授業参観の後、複数の保護者たちが校長に面談を求め、「週時間割が欲しい」「子どもがもめても先生が注意しない」などと竹下さんの学級運営に不満を述べた。これを受けて、校長が竹下さんに「保護者の気持ちを受けとめて、週時間割を作成するように」等を指示した。

また、二五日には、六月七日実施のＰＴＡ主催「子ども会」のチケットを配付することになっていたが、竹下さんがこの配付を忘れた。副校長は、二六日の放課後に、竹下さんに対し各家庭を訪問して配付するように指示し、竹下さんは、各家庭を訪問して届けることになった。

二六日金曜日の夜、学生時代の友人たちの集まりがあったが、夜遅く姿を見せた竹下さんを見て、友人たちは驚いたという。竹下さんは、大変疲れた顔をしていて、目がうつろで、言葉をほとんど発さず、食欲もなかった。竹下さんは、帰宅途中の電車の中で友人の一人から話しかけられ、これに答えて、「校長から、親が竹下先生を信用できないと言っていると、伝えられた」「自分がふがいない」「大きな授業参観のようなものがあるが、ただでさえ追いついていないのに怖い」「やってもやっても追いつかないので、どうしたらよいかわからない」などと話していた。

二七日、竹下さんは、自宅内で自殺を企図し未遂に終わった。週明けに家族と一緒に精神神経科の診療を受け、「抑うつ状態」と診断され、抗不安薬を処方された。竹下さんは、薬を飲んでやや元気を回復したように見えたが、三一日、わずかの間家族の目から離れたときに自殺を図り、六月一日病院にて死亡した。

公務災害申請

竹下さんの両親は、恭子さんの死亡が公務に起因するものであると考え、二〇〇六年一〇月二四日に、地方公務員災害補償基金(地公災)東京都支部長に対して、公務災害を申請した。二〇〇七年四月には、新宿区教育委員会が、「当該教員が子どもへの指導や保護者への対応について深い悩みに陥っていたことがうかがえます」「事故に至るまでの状況の把握が結果として十分でなく、学校及び亡くなられた当該教員に対する支援ができなかったことを重く受け止めています」との報告書も公表した。

しかし、地公災東京都支部長は、二〇〇八年九月五日、公務上災害ではないとする認定(公務外決定)を行った。その理由は、学校からの支援はある程度あった、職務は通常の範囲内であって過重ではなかった、保護者の連絡帳への人格攻撃的な記載はその後継続しなかった、などというものであった。両親は、この公務外決定につき、地公災東京都支部審査会に異議申立

（審査請求）を行い、あわせて情報公開請求も行い、地公災が公務外決定を行うまでの過程の分かる資料を取り寄せた。すると、処分庁である地公災の支部長自身は、竹下さんの過重負荷を正当に評価し、公務上災害であるとの方向で結論を一度とりまとめていたこと、しかし、地公災本部がその結論を覆して公務外としたことが判明した。

審査請求の口頭審理では、当時の同僚、同居していた家族、そして教職員の患者を多数診察している精神科医師が意見を述べた。そして、竹下さんの死亡から三年八か月経過した二〇一〇年二月に、支部審査会は逆転の公務上災害認定を行い、その裁決書が三月五日遺族に届けられた。

他の職場でも同様の犠牲者が

東京都では、竹下さんが死亡したのと同じ年、二〇〇六年の一二月に、西東京市内の小学校の新任教員が、竹下さんと同じような事情からうつ病を発症し、自死した（同事件は、二〇一四年五月現在東京地裁にて行政訴訟が係属中であり、公務上災害か否かが審理されている）。

また、二〇〇四年九月、静岡県磐田市立小学校の新任教員木村百合子さんがうつ病罹患の末自死したが、行政訴訟で公務上災害であると判断された（静岡地裁・東京高裁とも遺族が勝訴し確定)。同事件の判決は、木村さんが学級運営に苦悩しながらもできるかぎりの努力や責任感をもって対応したが、新任教員に高度の指導能力を求めることは酷であり、木村さんへの十分な支援が行われていたとは到底認められないと判断し、公務と自殺との間に相当因果関係があると認定した。

日本の学校現場では多くの教員が、仕事の多忙さ、保護者からの理不尽なクレーム、管理職の不適切な対応、人事体制の不備などが原因となって、心身の健康を害している。文部科学省の発表によると、二〇一二年度に精神疾患で休職した教職員は四九六〇人に達している。

竹下さんのような痛ましい死が繰り返されないために、教育行政に携わる人々、現場の教員及び保護者の方々が、教育現場の改善のために努力していくことが求められている。

第二章　特徴・原因・背景・歴史

1　民間・政府の統計

「過労死一一〇番」

これまで「過労死一一〇番」(一九八八年六月にスタートした弁護士・医師等による電話相談)の東京窓口には四六二件の自殺相談があった。その「被災者」の年齢・職種は表2-1のとおりである。

「被災」という言葉は、一般に地震などの災難にあうことを意味するが、労働災害で身体が傷つく場合にも使われ、労働行政や労働裁判では、労災で傷を負ったり病気になったり、いのちを落としたりした労働者を「被災者」と呼んでいる。本書では、過労自殺は過労死の一種であるという考えから、この「被災」という呼称を使う。

表2-2は、東京の相談窓口に入った近年の事例の概要である(いずれも二〇〇九年以降に死亡した事例)。これらの相談事例のうち相当数の遺族が、被災者の自殺を労働災害(労災)として認め、労災保険金(遺族補償年金等)を支給するよう、労働基準監督署に申請を行っている。

また、会社を被告として企業に対する損害賠償訴訟を提訴する遺族も少なくない。

政府の統計

日本では、自殺全体の統計と分析は、主として警察庁が行ってきている。二〇〇六年六月自殺対策基本法が成立した後は、警察庁の調査データを内閣府が発表する形となり、毎年の統計発表の時期が早くなり、分析内容も詳しくなった。この警察庁統計の原因・動機の項目の中に「勤務問題」があり、重要な参考資料となる。

旧厚生省・厚生労働省は、人口動態統計の一項目として自殺全体数の把握をしているが、そこでは特段の分類や原因分析等は行っていない。ただし、人口動態統計では五年に一度産業別統計を行い、五年ごとの就業者総数(有職)の自殺者数が発表されている。二〇一〇年度(平成二二年度)は、男性七二六四

表 2-1　過労自殺　被災者の年齢・職種
(〜2013 年 6 月 15 日)

年齢	件数
20 代	106
30 代	118
40 代	92
50 代	86
60 代	6
70 代	1
不詳	53

職種	件数	職種	件数
営業	60	医療・福祉	9
技術	113	運転手	11
事務	88	研究	9
現業	45	厨房・コック	3
役員	14	保安	4
教員	10	その他	12
管理	28	不詳	52
販売	4		

＊ 遺書有　130 件(28.1%)
＊ 精神科通院歴有　105 件(22.7%)
(出典)「過労死 110 番」東京事務局集計，462 件のデータから

表 2-2 「過労死 110 番」事務局に寄せられた過労自殺と思われる相談事例から(死亡日：2009 年以降)

年齢	業種・職種	特　徴
① 50 代	編集	深夜 2〜3 時頃にタクシーで帰り，土曜・日曜も休めなかった．特に直前 3 か月間が忙しく，「眠れない」「耳鳴りがする」「頭がおかしいような気がする」と言っていた．遺書なし．
② 20 代	技術開発	夜 11 時頃までの長時間労働．自殺直前に異動があり，仕事のことで悩んでいた．「時間が大変だ」と言っており，元気がなかった．遺書なし．
③ 20 代	メーカー営業	通常業務の外に接待や出張が多く，飲めないアルコールを飲まなくてはならなかった．亡くなる 1 か月くらい前は，とても疲れた様子で，周囲が驚くほど食が細くなっていた．
④ 30 代	公務員	文系出身者だったが，情報処理の仕事に異動．慣れない仕事のうえ，人手不足で月 100 時間を超える長時間労働．職場で発生した盗難事件の対策にも苦慮していた．遺書あり．
⑤ 30 代	医療	長時間労働でうつ病になったが，休みがほしいと言っても認められず，会社からの理解は得られなかった．「いつも怒ってばかりいてごめんなさい」という遺書を残して自殺．
⑥ 40 代	エンジニア	午前 7 時から深夜 3 時頃までの長時間労働が続き，海外出張先での成績不振を理由に上司から強く叱責され，帰国後 1 週間で自殺した．遺書なし．
⑦ 50 代	会社員	職場のリーダーから嫌がらせを受けており，他の社員からの支援もなかった．仕事が山積みで，毎日 1 時間はサービス残業．土曜日も出勤していた．退職後すぐに自殺した．
⑧ 40 代	システムエンジニア	10 年以上，お盆も正月も休めず，朝から晩まで働き詰めだった．精神科を受診して服薬もしていたが，初めて無断欠勤をし，自殺した．遺書あり．
⑨ 20 代	製造業	上司に仕事を教えてもらえず，怒鳴られるなどのハラスメントを受けており，残業も多く，パニック障害と診断されていた．異動願いを先延ばしにされた後に，自殺した．
⑩ 20 代	公務員	うつ病のような症状に気付いても，休日もないため通院できなかった．研修期間中でさえ，通常業務の残業をするために職場へ戻る毎日．夕食もとれず夜中の 12 時近くまで仕事．

⑪ 50代	運送業	ダンプカーの運転手．早朝から深夜までの過重労働が原因で勤務中に事故を起こしたが，示談金の一部しか会社の保険がおりず，残金の支払いができずに自殺した．遺書あり．
⑫ 20代	メーカー エンジニア	入社してから痩せていった．帰宅はいつも深夜で，食事もとらないことが多かった．会社に辞表を出したが上司が受け取らず，罵声を浴びた．遺書あり．
⑬ 20代	研修生	役所の研修生であったが，月80時間前後の長時間労働が半年間以上続き，自殺した．残業代も全額支払われていない．
⑭ 50代	電子機器 メーカー	長時間労働が続き出張も多かったが，震災後，とくに仕事がきつくなった．「忙しい」「眠れない」と言っていた．大規模なリストラを断行したことによる精神的ストレスが大きかった．
⑮ 30代	技術職	数年にわたり月に70〜100時間の残業．不眠の症状を訴え医師の処方する薬を服用するが効かず，心療内科を受診．遺書あり．
⑯ 40代	IT関係	出退勤の記録もなく，年休も取れず，「休職したい」と言っていた．
⑰ 50代	地方公務員	勤務先が変わってからデスクワークが増え，労働時間が長時間化した．数か月間は土日も休めないほど．体調が悪化してうつ病になり，自殺した．
⑱ 20代	運送 営業 ドライバー	始発に家を出て帰宅は深夜．食欲が減退し，脱毛も増え，土日は熱を出して寝ていることが多かった．過労で入院したことも．「つらい」と言っていた．仕事中に職場で自殺した．
⑲ 20代	飲食業	早番・遅番があり，勤務時間が不規則．休みもなく，店舗に泊まることも多かった．辞めたいと言っていたが，結局辞められなかったらしい．遺書を残して職場で自殺した．
⑳ 50代	公務員 教員	学級崩壊のクラス担任を兼任し，ストレスをかかえた．その後，異動して心療内科を受診．休職して症状が良くなったように見えたが，職場復帰の直前に自殺．
㉑ 50代	管理 事務	仕事が変わり，人手不足などで長時間労働を余儀なくされた．会社から貸与されている携帯電話には朝5時でも電話がかかってくる．「眠れない」と言っていた．
㉒ 50代	製造 技術職	月に100時間を超える残業が長い間続いていた．上司とのトラブル，執拗な退職勧奨などによるストレスが原因でうつ病に．だんだん痩せていき，追い詰められた様子だった．

㉓ 30代	出版 営業	4年以上，深夜の帰宅が続き，持ち帰り残業も多かった．心療内科でうつ病と診断され，病気のことを上司に伝えたが，何の配慮もなかった．
㉔ 50代	建設	単身赴任．人手不足で仕事量が多く，週末に帰宅できないほど．上司に言われたような成果が出せないことや，中間管理職としての責任を強く感じて悩んでいた．遺書あり．
㉕ 30代	公務員 技術研究員	大幅な超過勤務状態と，上司の不適切な指導によって精神的に追い詰められ体調を崩した．上司から不正な行為を強要されるようなこともあった．遺書あり．
㉖ 40代	公務員	人事異動で，職場内でも人間関係が難しいことで知られている部署の責任者となった．いじめや嫌がらせで強烈なストレスを受けた．職場の配慮が十分でない．
㉗ 30代	不動産 営業	突然不慣れな職種に異動となった．仕事で悩んでいた．「頭痛がひどい」，「会社を辞めたい」と言っていた．月曜日の朝，出勤のため家を出たが会社へは行かず，自殺．
㉘ 40代	印刷 営業	毎日残業が続き，うつ病に．仕事のミスもあった．2か月の休養を要すると診断されるも，会社の都合で3週間程度しか休めず，復帰後も会社からの配慮はなかった．
㉙ 40代	金融 保険	残業が多く，ほとんど終電で帰宅．休日出勤や持ち帰り残業もあった．業務量の増大による肉体的・精神的な疲労に加え，パワハラもあった．
㉚ 40代	建設 現場監督	毎日遅くまで仕事をしており，休日出勤もあった．工期の関係で，亡くなる直前は正月も休めないほどだった．「お弁当が食べきれない」，「眠れない」と言っていた．遺書あり．

人、女性一四八九人となっている。

厚生労働省労働基準局は、二〇〇二年度以降、精神障害・自殺事案の労災保険給付に関して、その支給件数(労災認定件数)と内容分析を発表するようになった。この支給件数は、一九九〇年代後半までは極めて少数であったが、二〇〇〇年代以降に次第に支給件数が増加し、その内容分析(年齢・業種等)についても詳しくなった。

警察庁・内閣府統計では、二〇〇七年から二〇一三年まで「勤務問題」が原因・動機の自殺が毎年二五〇〇件前後(二二〇七〜二六八九件)となっているが、厚生労働省労働基準局統計の自殺労災認定件数は、二〇〇七年度から二〇一二年度まで毎年度一〇〇件未満(六三〜九三件)にとどまっている。

警察庁・内閣府統計の詳細な分析については本章第３節で行い、厚生労働省労働基準局の労災認定事案の詳細な分析については、本章第３節及び第三章で行う。

2　過労自殺の特徴

年間二〇〇〇人以上の被災者

「過労死一一〇番」の相談・調査活動、政府の調査統計などを通じて見えてくる過労自殺は、およそつぎのような基本的特徴をもっている。

第一に、脳・心臓疾患の過労死と同様に、幅広い範囲の労働者にひろがっていることである。業種・職種を問わずほとんどの分野の職場で発生しており、役員から中間管理職、一般職に至るまで会社内の地位にかかわらず発生している。民間のみならず公務員の職場でも相次いでいる。正規労働者だけでなく、非正規労働者にも発生している。

被災者数は、正確な統計がないので厳密な数を挙げることは難しいが、一九九二年以降の警察庁「自殺統計」で「勤務問題」が原因・動機と分類されている自殺者数が年間千数百人に及び、二〇〇七年以降では年間二五〇〇人前後となっている。この警察庁統計の他の項目(「健康問題」「経済・生活問題」)のみに分類されているケースに過労自殺が含まれている可能性があるので、過労自殺者数は一年間に少なくとも二〇〇〇人以上にのぼるといって間違いないと考える。

第二に、年齢は二〇歳前後の若者から六〇歳以上の高齢世代まで広範にひろがっているが、脳・心臓疾患に比べて、若い世代の被災事例の割合が多い。

また、労災補償の相談に訪れたり、労災申請や提訴を行ったりするのは、どちらかというと、若い世代の事案が目立つ。これは、遺族側の事情も関係していると思われる。すなわち、自殺に関しては社会的偏見が根強いため、子をもっている配偶者(多くの場合は妻)は、死因を極力隠したいと考える傾向が強い。もちろん、独身者が死亡した場合の両親や兄弟も同じような傾向があるが、その程度が、妻子が残された場合の方が強い。この結果、脳・心臓疾患に比べて、被災者が若いケースの相談、労災申請、裁判の割合が高くなっていると推察される。

第三に、男女比では、男性の自殺例が多い。一般に自殺は女性より男性が多いこと、日本の職場では、女性のフルタイム労働者が男性に比して少ないこと、正規雇用の女性労働者も男性ほどの長時間労働を行っている例が相対的に少ないことなどが、この男女差の背景にあると思われる。ただし、第一章第３節の事例のような女性労働者の自殺ないし精神疾患の事案が増加傾向にある。

過重労働の特徴と背景

第四に、自殺に至る原因として、長時間労働・休日労働・深夜労働・劣悪な職場環境などの過重な労働による肉体的負荷、および重い責任・過重なノルマ・達成困難な目標設定、パワハラ・セクハラなどのハラスメント、職場での人間関係のトラブルなどによる精神的負荷が挙げられる。これらは過労性の脳・心臓疾患にも共通している要素であるが、過労自殺の場合には、精神的なストレスの比重がより高い。

被災者がこのような過重な労働に陥っている背景には、バブル経済崩壊後の日本経済低迷という環境下で、各企業がコスト削減や人員整理をきびしく実行していることがある。グローバル経済の拡大による国際的な競争の激化により、時間刻みの技術開発が求められ、達成困難な納期が設定されるという事情もある。ＩＴ業界は、いわば二一世紀の「屋内の建設業」であるが、伝統的に長時間労働の多い(屋外の)建設業と同様かそれ以上に、納期にしばられ、休日労働・深夜労働が常態化している。

この結果、多くの技術者は、より少ない予算とより少ない人員で、与えられた仕事を早く遂行しなければならず、優秀な人材でも壁にぶちあたり、心身のバランスを崩していく場合が多い。

国内消費市場の停滞が続く中で、いわば乾いた雑巾の水を搾《しぼ》り取るように、増えない需要を「営業力」でカバーしようとして、夜間・休日に関係なく営業を続ける労働が営業職に要求されがちである。

中高年労働者の人員整理の影響もあり、企業は若手育成を時間的余裕をもって進めるのではなく、新人にも「即戦力」としての役割を求め、経験と能力に見合わない過度の負担を若年労働者に課してしまう傾向が強まり、この結果、心身の健康を損なってしまう新入社員や二〇歳代の労働者が増えている。

リストラ解雇の対象にされることを恐れ、その精神的な圧迫感から、自らを過重な労働に駆り立て体調を崩してしまうケースもある。たとえば、「あなたに勤める場所はない」と言われ、自殺に至った「解雇自殺」ともいうべき例も少なくない。非正規雇用が一九九〇年代後半から年々増大する中で、正規労働者が非正規労働者になることを恐れる心理状態がひろまっており、このことも、過重労働を促進する条件となっている。

他方で、人事総務関係で働く中間管理職が、リストラを遂行するために、会社と労働者との板挟みになって悩み、あるいは会社の不祥事事件の処理のために心労を重ねるなど、昨今の企業の問題行動の犠牲になっている事例も少なくない。

一九九〇年代後半以降に、日本の製造現場で深夜勤務・不規則勤務が本格的に導入され、自動車も夜につくる時代になっている。製造現場への深夜交替制勤務の増大は、それまで一部の特殊な業種に限られていた深夜交替制勤務を多くの産業に拡大していくこととなり、この結果、睡眠障害、体調不良の訴えが増え、うつ病の大きな原因となっている。ニコン株式会社熊谷製作所へ派遣されていた上段勇士氏は、深夜交替制勤務等から睡眠障害に陥り、一九九九年三月までにうつ病を発症し死亡した。東京高裁二〇〇九年七月二八日判決は、上段氏の死を労災と認めて企業の損害賠償責任を認定した(最高裁で確定)。

医師や学校教員のような「先生」と呼ばれる職業では、国民のための医療・教育の充実という時代の要請に見合うだけの人員が確保できていないことが背景にある。この結果、医療・教育現場での過重労働が続いており、第一章の事例に示されるような過労自殺が後を絶たない。

地方・国家公務員の職場でも、住民・国民の様々な要請に応えるだけの体制が整備されていないところが多く、加えて、わが国独特の国会運営での非効率さなども災いして、公務員の過労・ストレスによる精神疾患罹患《りかん》・自殺も後を絶たない。

うつ病などに罹患

第五に、自殺に至る過程において、自殺者の多くは、うつ病などの精神障害に陥っていたと推定される。過労自殺者の多くは精神科医師の治療を受けないまま死亡している。「過労死一一〇番」の東京窓口への相談例では、被災者四六二人のうち一〇五人（二二・七％）しか精神科（心療内科含む）の治療歴がないが、自殺後の調査によれば、うつ病など精神疾患に特有な症状を呈していた事例が多い。

過労自殺者は、程度の差こそあれ、事前に体調の不良を訴え、一般内科で受診していることが多いが、残念ながら、多くの人がこの初診の段階でうつ病などの精神障害の診断を受けずに、結局精神科での適切な受診の機会を逸している（第四章第３節参照）。また、二〇〇〇年代以降、うつ病など精神疾患患者の増大によって、精神疾患患者に対する診療経験に乏しい医師が担当することも増えており、過労自殺既遂事例を調査すると、専門的な精神科医師から見れば不適切な医療行為もある。

うつ病患者は、その病の症状として希死念慮・自殺企図に至るので、一般に過労自殺の場合には、過労・ストレス↓うつ病などの精神障害↓自殺企図という機序をたどることが多い。これは、過労性の脳・心臓疾患で、過労・ストレス↓脳・心臓疾患↓死亡という機序をたどるのと基本的には同じである。

なお、厚生労働省は自殺事案の労災認定の要件として、業務上の原因でうつ病などの精神疾患に罹患した結果自殺したことを要件としているが、この点に関しては第三章で詳述する。

普通の労働者がうつ病を発症する時代

WHOの多国間共同調査によれば、一万五六二九件の自殺分析の結果、約九五％の自殺者は、最期の行動に及ぶ前に何らかの精神疾患の診断に該当する状態であり、そのうち適切な精神科治療を受けていた人は、二割程度である（図2―1参照、高橋祥友『自殺予防』岩波新書、二〇〇六年）。

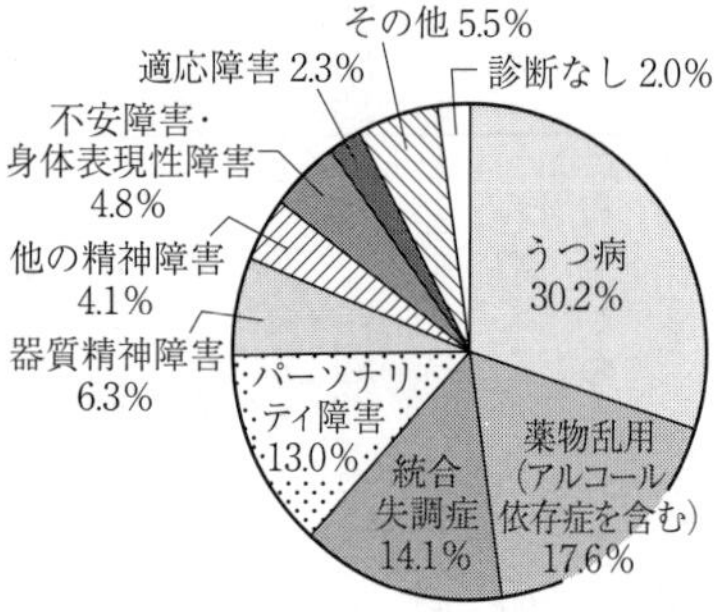

図2-1　精神疾患と自殺

（資料）WHO，2002 年
（出典）高橋祥友『自殺予防』（岩波新書，2006 年）

従来から、うつ病は性格類型としてメランコリー親和型の人がなりやすいといわれてきた。メランコリー親和型性格とは、ドイツの精神科医フーベルトゥス・テレンバッハによる呼称であるが、その特徴として職場では責任感が強く、几帳面で勤勉で、対人関係においては誠実で権威や序列を尊重し、道徳心が高い傾向が挙げられているが、精神科医大野裕氏は、性格そのものではなく性格と環境との相互作用でうつ病のなりやすさが決まる旨指摘している(大野裕『「うつ」を治す』ＰＨＰ新書、二〇〇〇年)。

精神科医加藤敏氏(自治医科大学教授)は、「現代では、職場自体がコンピュータ管理を通し、就労者の間違いを許さない厳密性と完全主義を徹底している。加えて消費者、利用者、お客さんに不都合・落ち度がないよう細やかな配慮を徹底する他者配慮性を前面に打ち出している。つまり、職場自体が完全主義で他者配慮を旨とするようになっている」と指摘し、このような規範を、「職場のメランコリー親和型化」と特徴づけている。

そして、同氏は、「「職場のメランコリー親和型化」にあって、テレンバッハのいうメランコリー親和型の人とは違い、人々は心から共感的に他者のことを慮《おもんぱか》り、良心的に振舞うのでは必ずしもなく、職場の指示を絶対的な命令として従い仕事に就く。顧客を最優先し、他者配慮的であることを信条に掲げる職場の倫理は、企業競争を勝ち抜くための意図的戦略の色彩が強い。それゆえ、ここでいう「メランコリー親和型化」は厳密には「偽性メランコリー親和型化」といったほうが適切だろう」としたうえで、「こうした「職場の偽性メランコリー親和型化」により、社会人として要求される平均的な几帳面さと他者配慮性を備えた、したがって現代を生きる上でのパーソナリティとしては、ごく正常な人がうつ病を発症する事例が増えている」と述べている(加藤敏『職場結合性うつ病』金原出版、二〇一三年)。

加藤氏は、この結論は、職場関連のうつ病に関する統計学的調査によって裏付けられたことと付言しているが、その内容は、私が過労自殺事案を調査してきた実感とも合致する。

現代は、ごく普通の人々がうつ病を発症する時代であり、したがってまた、ごく普通の働く人々が自殺に至る時代となっている。

加害者が被害者を叱る

第六に、多くの企業は、職場で過労自殺が発生した場合に、その原因を労働条件や労務管理との関係でとらえようとせず、従業員の死を職場改善の教訓に活かさず、遺族に対しても冷淡である。

職場で自殺が発生した場合、本来であれば、企業として、従業員の死という重大事態を真摯に受けとめ、教訓を導くために、当該労働者の労働時間等労働条件、労働環境、労務管理、健康管理の状況が適切であったかどうかを検証すべきである。実際にそのような取り組みを実施している企業もあるが、その数は残念ながら非常に少ない。むしろ、多くの企業は、労働条件や労務管理の問題点を棚にあげ、自殺を労働者個人の責任としてとらえる傾向が強い。そして遺族に対して、「会社に迷惑をかけた」として高圧的な態度をとり、遺族は「申し訳ない」とおわびをする立場に立たされることもある。自殺の基本的原因をつくった加害者側が、遺族＝被害者側を叱りつけるという、誠に本末転倒なことが起きている。

かつてある技術者が失踪した後に、会社が父親から「深くお詫び申し上げます」という念書をとろうとしたことがあった（拙著『過労自殺』初版）。また、別の企業では、労働者が徹夜作業の後に失踪した事案で、無断欠勤が続いたとして懲戒解雇した。その後当該労働者は自殺していたことが判明し、かつ、労基署が業務上の死亡であると認定した。

また、企業を監督すべき立場にある労働行政が十分に機能していないことも多く、この結果、過労自殺が発生しても、企業側に真摯な総括が行われず、職場の問題点がそのまま放置されてしまうことが多いのが実情である。もっとも、労基署によっては、遺族の労災申請を受けて労災の調査を丁寧に行い、労災認定を行うとともに、事業主に対して労働基準法・労働安全衛生法違反の是正勧告等の措置を講じているところもある。

闇に葬られる過労自殺

第七に、過労自殺は、その実態がなかなか組織の外部に伝わらず、自殺予防対策全体の中でも遅れた分野である。

ほとんどの企業は、職場の矛盾が明らかになるのを恐れ、事実を覆い隠す形でこの問題を処理しようと動く。または、遺族からの要求等を心配し、偏狭な「企業防衛」対策に入ることもある。

また、被災者の遺族は、自殺の原因が仕事によるものだと感じているのだが、そのことをなかなか周囲の人々や社会に向かって主張しにくい現実がある。なぜなら、自殺したという事実が伝わることにより、残された親族の就職、結婚、生活に悪影響が出ないかどうか危惧するからである。たしかに日本社会全体として、自殺原因に対する理解が不十分で、他の事故死や病死に比べて、自殺者個人やその家族に対し否定的な評価をもつ傾向がある。自殺者がアパートを賃借していた場合に、遺族が家主から法外な請求を受けることすらある。

企業が過労自殺の実態を隠そうとするのに加えて、自殺に対する社会的偏見や差別があるがゆえに、遺族が社会や行政に訴えるのは容易ではない。こうした幾重もの事情が重なり、過労自殺は闇に葬られがちなのである。二〇〇六年六月に自殺対策基本法が成立して自殺予防のための国を挙げての取り組みが始まり、地方自治体、ＮＧＯ、精神科医師等専門家の努力によって、とくに地域や高齢者の自殺予防面で成果をあげているが、職場の過労自殺予防に関しては、財界や各企業の努力が不足しており、見るべき改善がないといわざるを得ない。

3　政府の自殺統計の分析

警察庁統計と厚生労働省統計

二〇〇六年六月に自殺対策基本法が成立するまでは、警察庁が「自殺統計」を発表していたが、同法が成立して以降は、この警察庁自殺統計を内閣府が発表する方式となっている。また、これとは別に厚生労働省の人口動態統計によって自殺死亡数が発表されている。警察庁統計は一九七八年以降集計を始めたので一九七七年以前の数字はないが、厚生労働省統計は一九四七年以降現在まで存在する。両統計は調査方法が異なるため数字が一致しない。

内閣府作成『平成二五年版自殺対策白書』の説明によれば、厚生労働省の人口動態統計と警察庁の自殺統計の違いとして、①厚生労働省統計では外国人を含んでいないが、警察庁統計では日本における外国人の自殺を含んでいること、②死亡日の特定方法に違いがあること、③事後的訂正報告の扱いの違いがあること、等が挙げられている。

警察庁の統計は、警察が独自の捜査・調査によって自殺と判断した死亡の総計であるが、厚生労働省の統計は、医師が死亡診断書等で「自殺」と判断した死亡の総計である。遺族のなかには、社会的偏見を恐れて、自殺が明らかな場合でも死亡診断書には「自殺とは書かないでほしい」と医師に頼む人も少なくない。おそらく、このような事情も二つの統計の差になって現れているものと推察する。

本書では、基本的には警察庁統計の数字を使用し、必要に応じて厚生労働省統計の数字を使用する。

なお、この両政府統計とも、実態との間で誤差があると思われる。たとえば、本当は自殺なのに、交通事故や脳・心臓疾患として扱われ、本来この統計に含まれるべきケースが含まれていない可能性もあるし、逆に、自殺を装った他殺などのケースまで含まれているかもしれない。このような誤差を念頭におきつつ、戦後日本の自殺の変遷を整理してみる。

自殺者数・自殺率の推移

図2-2、2-3（警察庁「自殺統計」）は、それぞれ、一九七八年以降の日本の自殺者数ないし自

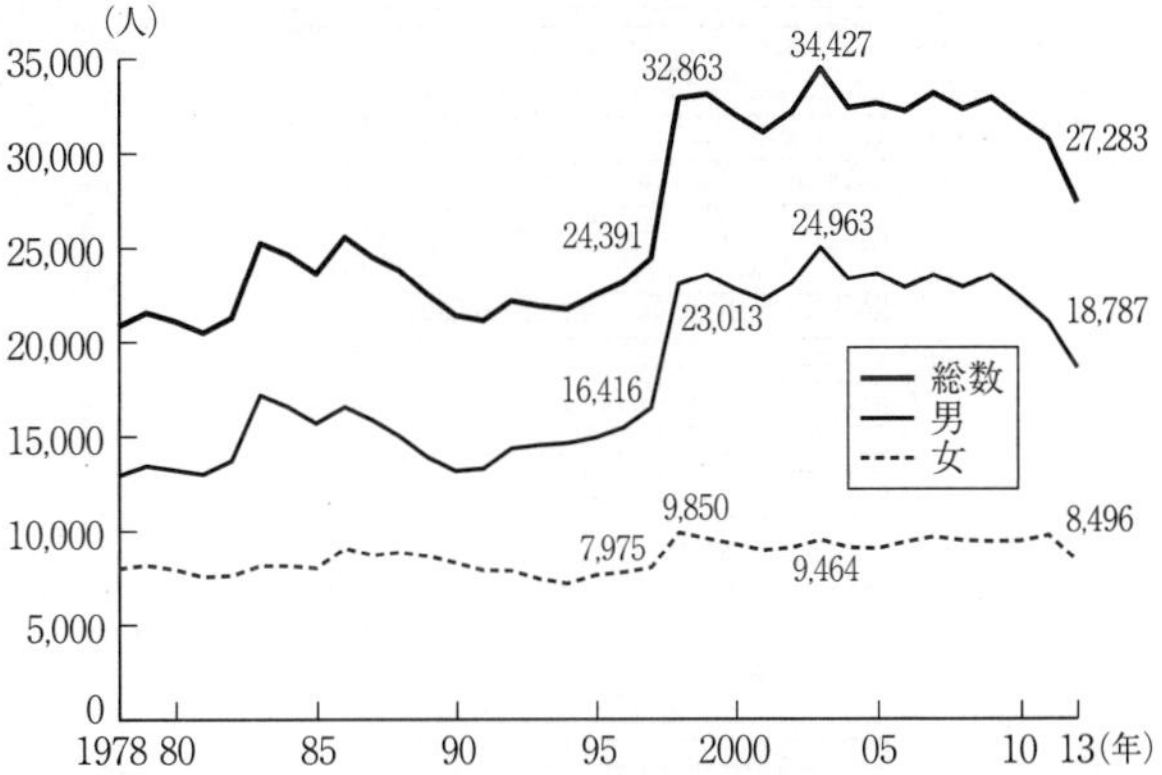

図 2-2　自殺者数の推移

(資料) 警察庁「自殺統計」より内閣府作成

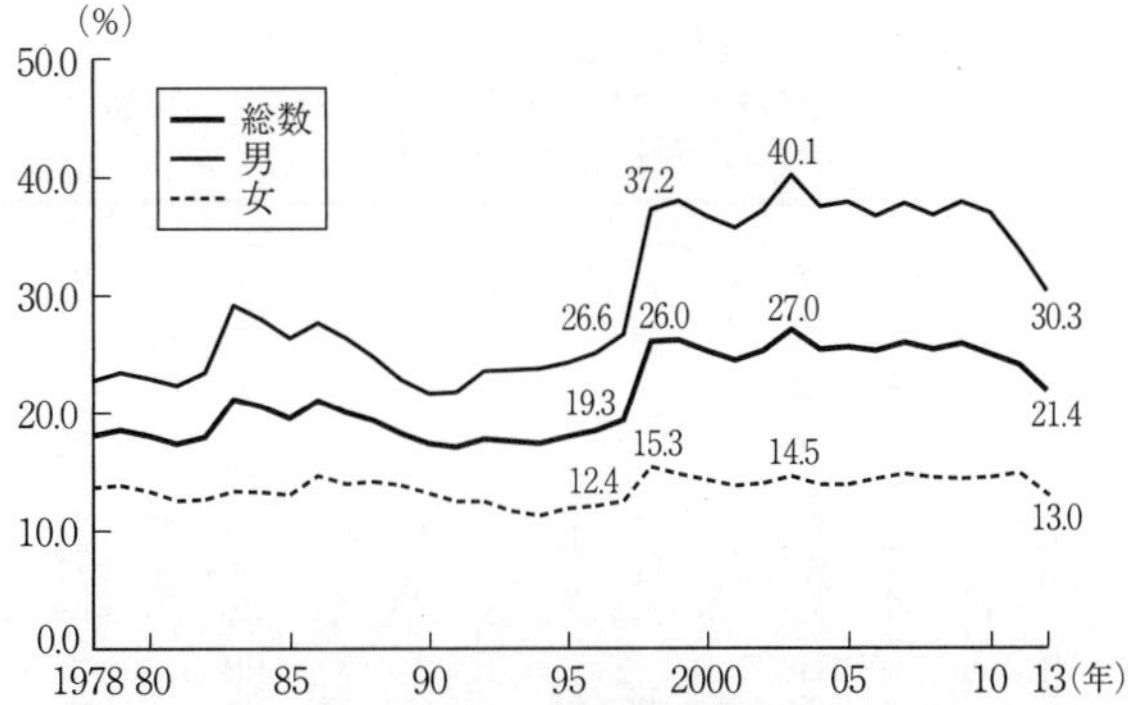

図 2-3　自殺率の推移

(資料) 警察庁「平成 25 年中における自殺の状況」・内閣府
(注) 自殺率とは，人口 10 万人当たりの自殺者数をさす

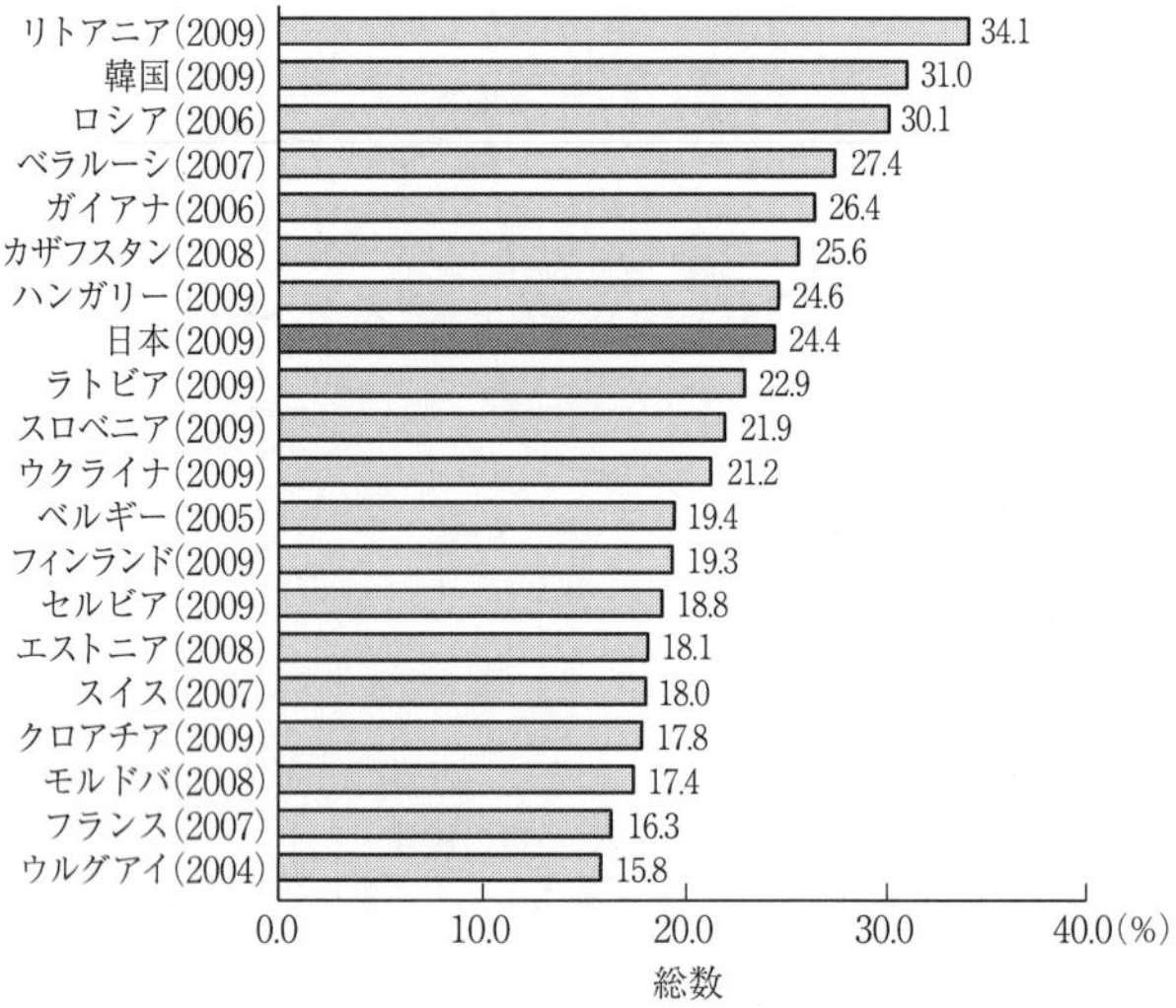

図2-4　自殺率の比較

(注) 2000年以降のデータがある国で，上位20位のみ掲載
(出典) 世界保健機関資料より内閣府作成

殺率(人口一〇万人当たりの自殺者数)の推移を示したものである。

戦前の自殺率は二〇・〇前後であったが、日中戦争開始後の戦時期は減少していた(宮島喬『デュルケム自殺論』有斐閣新書、一九七九年)。日本の自殺率は、一九九七年以前は欧米諸国と比較して中程度であったが(高橋祥友『自殺の心理学』講談社現代新書、一九九七年)、九八年以降は、欧米諸国よりかなり高い水準が続いている。図2-4のとおり、二〇〇九年頃の比較で日本より自殺率が高いのは、旧ソ連・東欧諸国、韓国などである。

性別・年齢・職業の有無

一般に自殺は女性より男性の方が多い。自殺率性比(男性の自殺率を女性の自殺率で割って一〇〇倍した数値)は、戦後一五〇前後で推移していたが、一九八三年に初めて二〇〇を突破し、二〇一二年は二三七、一三年は二三三である。

『平成二五年版自殺対策白書』によれば、三〇歳代が増加傾向にある一方で、五〇歳代は減少傾向にある。また、年齢階級別の自殺死亡率の推移をみると、全体的に二〇歳代で自殺率が高まる傾向にあるのに対し、四〇歳代以上では低下傾向にある。年代別の死因順位をみると、男性では、二〇〜四四歳で死因順位の第一位、女性では、二〇〜三四歳で死因順位の第一位となっている。国際的にみても、一五〜三四歳の若い世代で死因の第一位が自殺となっているのは、先進国では日本のみである。

二〇一二年の自殺者のうち、有職者(自営業・管理者・被雇用者)の数は九七二〇人で、自殺者総数の約三五％を占め、一三年については、有職者の数は九四〇一人で、自殺者総数の約三四・五％を占めている。

原因・動機分類の見方

では、これらの自殺の中で、業務に関連する自殺がどの程度の割合となっているかについて見てみよう。現在の警察庁の自殺統計では、原因・動機の大分類は、「健康問題」「経済・生活問題」「家庭問題」「勤務問題」「男女問題」「学校問題」「その他」となっている。これらは、遺書の内容や聴き取りなどをもとに警察が分類したものであり、二〇〇七年以降は、自殺者一人につき三つまで項目を計上できることにしている。

二〇〇七年から一三年までの原因・動機別自殺者数の推移は、図2-5のとおりである。自殺者全体数で〇七年と比較すると一三年の全体数は約一七・六％減少しているが、「勤務問題」に限って見ると、対〇七年比で一三年は逆に約五・三％増加している。

一九九九年までの警察庁統計では、原因・動機が、「家庭問題」「病苦等」「経済生活問題」「勤務問題」「男女問題」「学校問題」「アルコール症精神障害等」「その他」「不詳」に分類されていたが、二〇〇〇年以降の警察庁の自殺統計では、従来の「病苦等」「アルコール症精神障害」という分類項目がなくなり、新たに「健康問題」という項目が加わった。一九九九年前後の項目別の人数から考えて、「病苦等」と「アルコール症精神障害」が合わさって「健康問題」になったことは間違いない。この「健康問題」は、原因・動機の中で毎年最も多い項目に挙げ

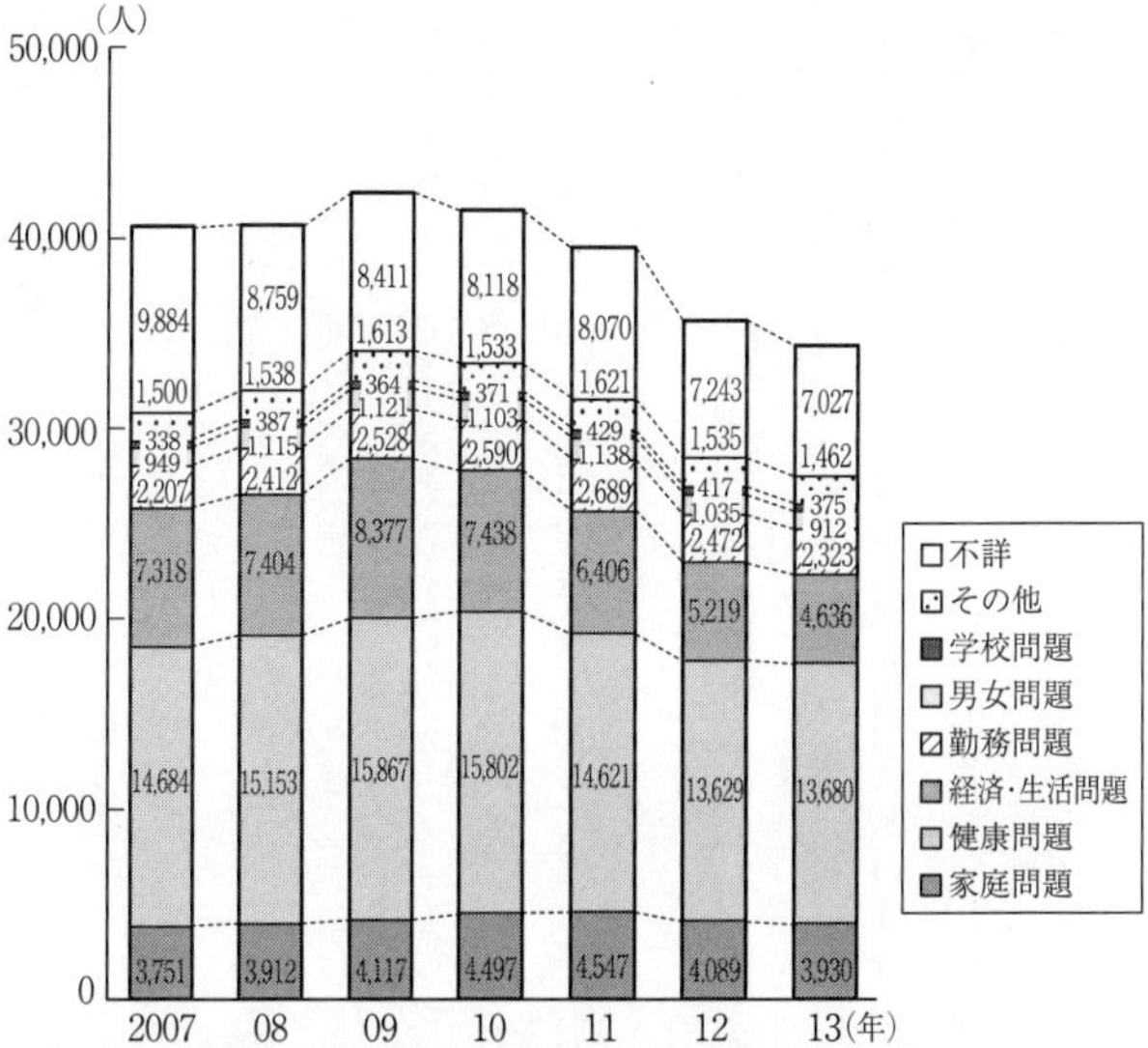

図 2-5　自殺の原因・動機別自殺者数の年次推移

(注) 2007年に自殺統計原票を改正し，遺書等の自殺を裏付ける資料により明らかに推定できる原因・動機を自殺者一人につき三つまで計上することとした

(資料) 警察庁「自殺統計」原票データより内閣府作成

られているが、その内容については従前には明確な説明がなかった。私は、統計項目の変遷から推察して、①重い病・不治の病に罹患したことから将来に絶望的になり自殺に至った場合、②精神障害やアルコール依存症に罹患してその結果自殺に至った場合、の二種類があると判断し、②のケースについては、精神障害の原因が仕事上の過労・ストレスといえる事案も当然含まれているはずであると指摘してきた。

そして、近年の警察庁・内閣府の統計発表では、「健康問題」の具体的内容を挙げて、その内容ごとに数字を分けて発表するようになり、たとえば、二〇一三年については、「健康問題」一万三六八〇人の内訳は、以下のようになっている。

「病気の悩み(身体の病気)」四四六三人、「病気の悩み・影響(うつ病)」五八三二人、「病気の悩み・影響(統合失調症)」一二六五人、「病気の悩み・影響(アルコール依存症)」二二〇人、「病気の悩み・影響(薬物乱用)」六〇人、「病気の悩み・影響(その他の精神疾患)」一三二一人、「身体障害の悩み」二七五人、「その他」二五四人。

これらのうち精神疾患罹患者に関しては、その発症原因が業務に起因している可能性が当然ある。

したがって、「健康問題」という分類項目にも過労自殺のケースがかなり含まれていると考えるのが適当である。

さらに、近年の「経済・生活問題」という分類項目について見ると、その具体的内容として、「倒産」「事業不振」「失業」「就職失敗」などがあり、自営業者や無職者だけでなく、これらを原因・動機とした「被雇用者・勤め人」の自殺もかなり存在する。たとえば、二〇一三年については、「被雇用者・勤め人」が「倒産」「事業不振」「失業」「就職失敗」のいずれかで自殺し

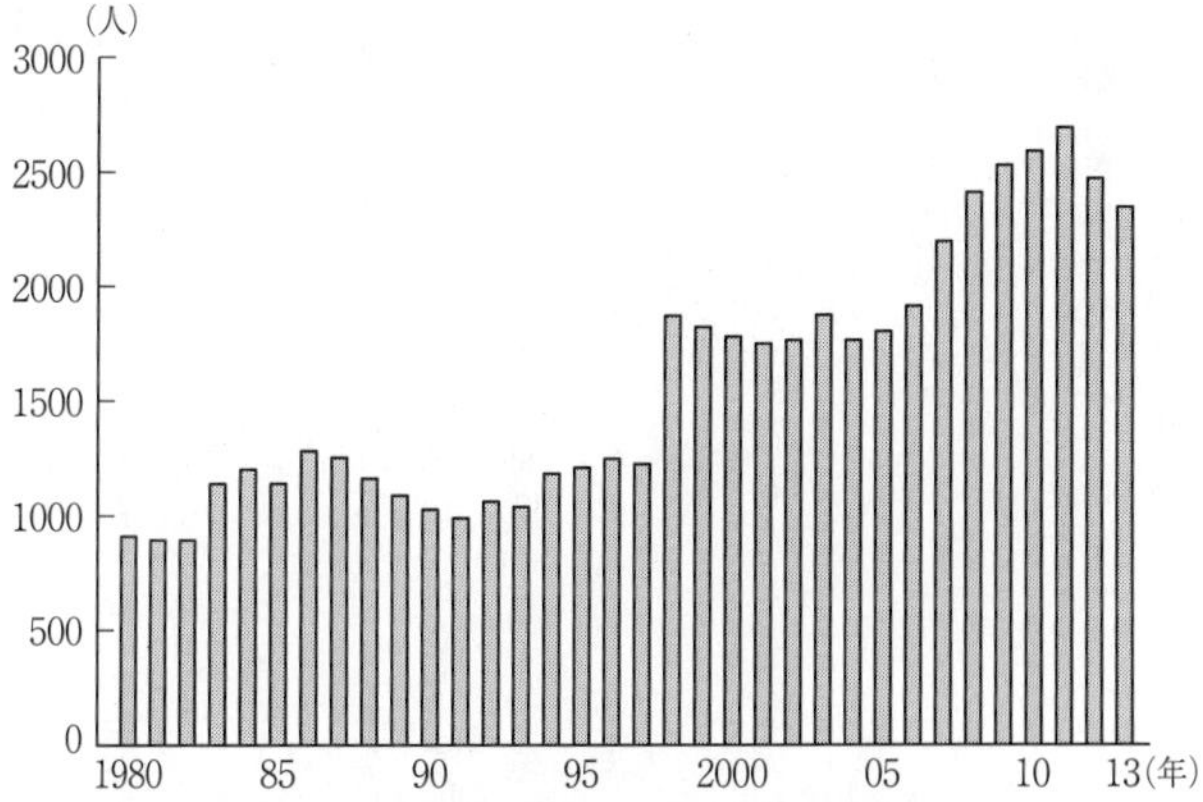

図 2-6　「勤務問題」が原因・動機の自殺
(出典) 警察庁「自殺統計」より作成

た数が一八三人となっている。

よって、「経済・生活問題」分類項目にも過労自殺のケースが含まれている可能性がある。

「勤務問題」が原因・動機

一九八〇年以降の原因・動機別分類で「勤務問題」とされているのは、図2-6のとおりである。

一九八〇年には九一九人で、自殺者総数に占める割合は四・四%だったが、九四年から九七年にかけては一二〇〇人前後で、自殺者総数に対する割合が五%を超えた。そして、九八年には一八七七人と一気に増大し、自殺者総数に対する割合も五・七%となった。

二〇〇七年からは自殺統計原票が改正され、

明らかに推定できる原因・動機を自殺者一人につき三つまで計上することとなったため、原因・動機別分類で「勤務問題」とされているのは二〇〇〇人を超え、二五〇〇人前後の状況が続くこととなった。最大の人数は一一年の二六八九人で、一二年については二四七二人、一三年については二三二三人となっている。

なお、統計上、原因・動機が特定できていないケースが年間七〇〇〇人以上(二〇一二年は七二四三人、一三年は七〇二七人)存在している。したがって、二〇一〇年ないし一三年についていえば、原因・動機が特定できているケースの範囲内では、「勤務問題」が原因・動機となっている割合は、毎年少なくとも一〇%以上を占めている(二〇一二年は約一二%、一三年は約一一・五%)。

「勤務問題」で自殺した人のうち自殺当時に被雇用者として勤務していた人は、二〇一〇年ないし一三年の統計では約二〇〇〇人前後で、この他に自殺当時に自営業・家族従事者、学生、無職者の人もいる。

「勤務問題」の具体的内容

「勤務問題」で自殺した人の具体的内容について、二〇一二年統計では、「仕事の失敗」四四

図 2-7 「勤務問題」が原因・動機の自殺

	年齢	～19歳	20～29歳	30～39歳	40～49歳	50～59歳	60～69歳	70～79歳	80歳～	不詳	合計
合計	計	21	467	538	636	493	141	21	3	3	2323
	男	19	397	478	572	450	129	19	2	3	2069
	女	2	70	60	64	43	12	2	1		254
仕事の失敗	計	1	83	104	112	89	42	6		1	438
	男	1	78	96	107	83	40	5		1	411
	女		5	8	5	6	2	1			27
職場の人間関係	計	5	130	139	144	101	16	3		1	539
	男	4	97	112	118	88	14	3		1	437
	女	1	33	27	26	13	2				102
職場環境の変化	計		43	72	100	71	16	1			303
	男		37	68	94	66	15				280
	女		6	4	6	5	1	1			23
仕事疲れ	計	9	132	139	184	143	36	5		1	649
	男	8	114	130	166	130	33	5		1	587
	女	1	18	9	18	13	3				62
その他	計	6	79	84	96	89	31	6	3		394
	男	6	71	72	87	83	27	6	2		354
	女		8	12	9	6	4		1		40

（出典）警察庁「自殺統計」(2013年)・内閣府

一人、「職場の人間関係」五七二人、「職場環境の変化」三一五人、「仕事疲れ」六八九人、「その他」四五五人となっており、「仕事疲れ」＝過労が最も多くなっている。

同項目についての二〇一三年統計では、「仕事の失敗」四三八人、「職場の人間関係」五三九人、「職場環境の変化」三〇三人、「仕事疲れ」六四九人、「その他」三九四人となっており、やはり「仕事疲れ」＝

過労が最も多くなっている(図2-7)。

また、図2-8より、広範な業種・職種に過労自殺がひろがっている可能性が読み取れる。

自殺場所

過去の警察庁統計では自殺場所が明確にされていたが、それによれば、「勤務先」で自殺した総数と自殺者総数に対する割合について、一九八〇年には二〇二人で、自殺者総数に対する割合が〇・九%だったが、九三年以降は三〇〇人以上で、一・五%前後に達していた。そして、最近の内閣府発表の「地域における自殺の基礎資料(詳細資料)」によると、二〇〇九年には六五一人、一〇年には六〇五人、一一年には五九一人、一二年には五六五人で、約二%となっている。一般に「勤務先」で自殺するケースでは、とくに業務との関連性が存在することが多いと思われる。

労災申請数は、氷山の一角

以上のように、警察庁の自殺統計では、年間およそ二〇〇〇人前後の被雇用者(労働者)が「勤務問題」が原因・動機(の一つ)となり自殺に至っている。

他方、自殺(未遂事故を含む)に関して、労災申請(国に対して労災保険金を請求すること)を行っているのは、二〇一〇年度ないし一二年度で年間一六九件ないし二〇二件であり、そのうち労災と認定されているのは、六五件ないし九三件にすぎない。

つまり、警察は「勤務問題」が原因・動機と判断している数と比較して、その約一割に相当する数しか労災申請がなされていない。さらに、厚生労働省が労災と認定しているのは、申請があったもののうち三割ないし四割程度にすぎない。つまり、警察庁の自殺統計の原因・動機別分類で「勤務問題」とされている事例数と比較すると、その三〜五%程度しか労災保険の適用が行われていないということになり、文字通り氷山の一角である。

したがって、厚生労働省の労災認定数(労災保険金支給数)をもって、業務に起因する自殺の数と見なしてしまうと、実態と大きく乖離することとなる。

労災認定例から見る年齢

自殺事案に関する二〇一〇年度ないし一二年度の労災認定件数(支給決定件数)、及び、自殺を含む精神障害事案全体の労災認定件数について、被災者の年齢別に見ると、表2-3のとおりである。

被雇用者・勤め人	技能工	建設職人・配管工	32	6	4	1	16	5
		輸送・精密機械工	28	6	5	4	9	4
		機械工(輸送・精密を除く)	47	9	10	9	15	4
		金属加工工	27	4	4	6	12	1
		食品・衣料品製造工	25	4	4	5	10	2
		その他の技能工	96	16	22	13	23	22
	保安従事者	警察官・自衛官・消防士等	68	10	12	12	21	13
		その他の保安従事者	20	4	6	3	7	
	通信運送従事者	運輸従事者	69	18	17	10	17	7
		通信従事者	12	2	4	2	2	2
	労務作業者	土木建設労務作業者	49	11	13	3	14	8
		運搬労務作業者	25	6	4	3	8	4
		その他の労務作業者	151	24	36	21	49	21
	その他		241	36	52	36	70	47
被雇用者・勤め人合計			1895	331	439	278	577	270
無職	学生・生徒等		16		6		1	9
	無職者	主婦，失業者，年金・雇用保険等生活者，その他	261	57	78	18	22	86
不詳合計			8	2	2		3	1
合　計			2323	438	539	303	649	394

(注) 自殺統計の職業分類は標準職業分類と異なる
(出典) 警察庁「自殺統計」(2013 年)

図 2-8　自殺の原因・動機が「勤務問題」である 2323 人の内訳

			勤務問題計	仕事の失敗	職場の人間関係	職場環境の変化	仕事疲れ	その他
自営業・家族従業者			143	48	14	7	46	28
被雇用者・勤め人	専門・技術職	教員	36	3	8	7	12	6
		医療・保険従事者	101	14	32	12	23	20
		芸能人・プロスポーツ選手						
		弁護士	2		1		1	
		その他の専門・技術職	133	22	33	22	42	14
	管理的職業	議員・知事・課長以上の公務員	10	2		4	4	
		会社・公団等の役員	65	19	13	6	17	10
		会社・公団等の部・課長	82	11	17	15	31	8
	事務職	事務員	213	33	46	42	66	26
	販売従事者	販売店員	85	12	24	6	32	11
		外交員・セールスマン	115	32	19	17	30	17
		露天・行商・廃品回収						
	サービス業従事者	美容師・理容師	5		2		2	1
		調理人・バーテンダー	14	3	6		3	2
		飲食店店員	21	2	6	1	10	2
		ホステス・ホスト	5	1	2			2
		遊技場等店員	3		2		1	
		その他サービス職	115	21	35	18	30	11

表 2-3　精神障害・自殺の年齢別労災認定件数
（　）内は自殺

	2010 年度	2011 年度	2012 年度
19 歳以下	4(1)	5(0)	4(1)
20〜29 歳	74(16)	69(12)	103(20)
30〜39 歳	88(12)	112(22)	149(23)
40〜49 歳	76(21)	71(10)	146(31)
50〜59 歳	54(13)	56(19)	50(11)
60 歳以上	12(2)	12(3)	23(7)
計	308(65)	325(66)	475(93)

（注）自殺は，未遂を含む件数である
（出典）厚生労働省

表 2-4　脳・心臓疾患の年齢別労災認定件数
（　）内は死亡

	2010 年度	2011 年度	2012 年度
19 歳以下	0(0)	0(0)	0(0)
20〜29 歳	5(2)	7(6)	9(6)
30〜39 歳	38(20)	29(10)	56(32)
40〜49 歳	96(42)	95(40)	113(43)
50〜59 歳	104(38)	119(47)	118(32)
60 歳以上	42(11)	60(18)	42(10)
計	285(113)	310(121)	338(123)

（出典）厚生労働省

これより明らかなように、自殺の労災認定については、一〇代、二〇代、三〇代の合計数が、二〇一〇年度で二九件（全体の四四・六％）、一一年度で三四件（五一・五％）、一二年度で四四件（四七・三％）となっており、全体の認定件数の五割前後を占めている。

自殺を含む精神障害事案全体の労災認定件数については、一〇代、二〇代、三〇代の合計数が、二〇一〇年度で一六六件(全体の五三・九%)、一一年度で一八六件(五七・二%)、一二年度で二五六件(五三・九%)となっており、いずれも全体の認定件数の五割を超えている。

これに対して、脳・心臓疾患の死亡事案、及び、脳・心臓疾患の死亡事案・障害事案両方を合わせた労災認定件数について、二〇一〇年度ないし一二年度の分を、被災者の年齢別に整理すると、表2-4のとおりである。

これより明らかなように、脳・心臓疾患の死亡事案では、一〇代、二〇代、三〇代の合計数が、二〇一〇年度で二二件(全体の一九・五%)、一一年度で一六件(一三・二%)、一二年度で三八件(三〇・九%)となっており、自殺に比べて、三九歳以下の割合が少ない。

脳・心臓疾患の死亡事案・障害事案両方を合わせた労災認定件数では、一〇代、二〇代、三〇代の合計数が、二〇一〇年度で四三件(全体の一五・一%)、一一年度で三六件(一一・六%)、一二年度で六五件(一九・二%)となっており、やはり、精神障害・自殺事案と比較して、三九歳以下の割合が少ない。

労災認定例から見る業種等

二〇一二年度の自殺を含む精神障害事案全体の労災認定件数、及び、同年度の脳・心臓疾患

表 2-5　業種別労災認定件数(2012 年度)

業　種	精神障害・自殺	脳・心臓疾患
農業・林業・漁業・鉱業・採石業・砂利採取業	7	7
製造業	93	42
建設業	22	38
運輸業・郵便業	52	91
卸売業・小売業	66	49
金融業・保険業	12	1
教育・学習支援業	13	5
医療・福祉	52	11
情報通信業	35	15
宿泊業・飲食サービス業	30	24
その他の事業(上記以外の事業)	93	55
合　計	475	338

(注 1) 業種については,「日本標準産業分類」により分類している
(注 2)「その他の事業(上記以外の事業)」に分類されているのは,不動産業, 他に分類されないサービス業などである
(出典) 厚生労働省

表 2-6　職種別労災認定件数(2012 年度)

職種(大分類)	精神障害・自殺	脳・心臓疾患
専門的・技術的職業従事者	117	62
管理的職業従事者	26	26
事務従事者	101	30
販売従事者	54	39
サービス職業従事者	57	36
輸送・機械運転従事者	33	86
生産工程従事者	56	21
運搬・清掃・包装等従事者	15	3
建設・採掘従事者	11	19
その他の職種(上記以外の職種)	5	16
合　計	475	338

(注 1) 職種については,「日本標準職業分類」により分類している
(注 2)「その他の職種(上記以外の職種)」に分類されているのは,保安職業従事者, 農林漁業従事者などである
(出典) 厚生労働省

の死亡事案・障害事案両方を合わせた労災認定件数について、業種別・職種別(大分類)に整理すると、表2-5、表2-6のとおりとなる。

両者を比較すると、業種別では、脳・心臓疾患では運輸・郵便業が最も多いが、精神障害では製造業が最も多い。医療・福祉、情報通信業は、脳・心臓疾患では、それほど多くないが、精神障害では相当多いことも特徴である。

表2-7　自殺の時間外労働時間数(1か月平均)別労災認定件数(2012年度)

区分	自殺(未遂を含む)
20時間未満	3
20時間以上〜40時間未満	3
40時間以上〜60時間未満	8
60時間以上〜80時間未満	13
80時間以上〜100時間未満	7
100時間以上〜120時間未満	17
120時間以上〜140時間未満	15
140時間以上〜160時間未満	6
160時間以上	14
その他	7
合計	93

(注) その他の件数は，出来事による心理的負荷が極度であると認められる事案等，労働時間を調査するまでもなく明らかに業務上と判断した事案の件数である
(出典) 厚生労働省

同労災認定被災者のうち自殺のケースの時間外労働は、表2-7のとおりとなっている。

これらのケースで、心理的負荷を受けた出来事としては、時間外労働時間のほかに、「仕事内容・仕事量の(大きな)変化を生じさせる出来事があった」、「(ひどい)嫌がらせ、いじめ、又は暴行を受けた」などが挙げられている。

4　遺書の特徴

前述のとおり、「過労死一一〇番」東京窓口への自殺相談事例では、二八・一％の被災者が遺書を残している。第一章で述べた事例の遺書もそうであるが、過労自殺の遺書には、家族や会社に対する「おわびの言葉」が多く、自らを責める表現が目立っている(原文のママ)。

会社の人々には大変な心配、迷惑をかけているのですから、会社のことは恨まないで下さい。……

残っている人々には申し訳ありませんが……(技術者の遺書)

部長殿

だらしない部下をもって本当に申し訳なく思っております。期待にこたえるべくガンバリましたが、力及ばずの結果となってしまいました。この上は、命にかえておわび申しあげますと共に、社長はじめ人事部、会社の方、組合の方々、関係先の皆さんに深く深くお

わび申し上げます。大変な時期にこんな事になり真に申し訳ございません(課長の遺書)

会社の皆様へ
　皆様にお迷惑をかけます。仕事についていけないことをお許し下さい。今まで仕事をやってきて、自分の決断力など力のなさを感じ、このまま仕事をつづけていても、皆に迷惑をかけるだけなので、死にたいと思います。ご迷惑をおかけました。(技術者の遺書)

会社に対し多大な迷惑をかける事とわかっていても、今これしかありません。どうかお許し下さい。〇〇さん、△△さん、××さん、本当に申し訳けございません。どうかお許しください。許して下さい(課長の遺書)

お母さん　先立つ不幸をお許し下さい。とにかく疲れました。仕事をしようとする気力がでてきません。自分自身でもこんな自分が情けなくてしようがありません(技術者の遺書)

すいません。先に行ってしまうことをおわびします(公務員の遺書)

なぜ抗議でなく、おわびなのか

私は、過労自殺問題に取り組み始めた頃、様々な遺書を読んだとき、なぜここまで会社に対してわびるのか不思議でならなかった。身を粉にして働き続けても営業成績が上がらないことはある。製品開発が進まないこともある。人事が円滑に進まないこともある。それは個人の責任では決してないし、無理難題を課している上司や会社組織、その背景にある社会の病理にこそ、問題があるはずだ。だが、自らのいたらなさをわびて、いのちを絶っていく労働者たち。

時には遺書の中に「恨むなら俺と会社を恨めよ、ああ残念無念」というような言葉もあり、会社の責任を指摘しているとも読める。しかし、一般に過労自殺の遺書では、自らを死に追い込んだ会社に対する抗議の言葉、無理難題を強いた上司に対する怒りの言葉を見ることは少ない。もっぱら、期待に応えられなかった自分を責める内容となっている。

そして、企業は、この「謝罪」の文言だけを表面的にとりあげて、被災者の自殺を個人の責任の問題に帰してしまい、しばしば「会社に迷惑をかけた」として遺族を叱りつける。

なぜ抗議ではなく、おわびなのだろうか。

第一に、精神医学の立場からは、うつ病に陥っている者は、過度の自責の念(自責感)にとらわれるのが特徴であり、本来、個人の力では解決不能な課題なのに、それが達成できないと自分の責任だと感じるのは、うつ病の症状そのものであると説明される。自責の念を表明する遺書は、うつ病に陥っている証左であるともいえるのである。

第二に、過労自殺の場合、事例によっては自分を追い込んだ「敵」が見えにくいという事情もある。一般に、国内外の過剰競争や会社組織の構造的な原因で過重な業務に追い込まれてしまう場合が多く、「誰々が悪い」と特定しにくい側面がある。

第一章第５節のように、パワハラがあった事件の遺書には、暴力を振るったり暴言を浴びせたりした上司の名を明記している場合があるが、それでも彼らに抗議するというより、生きる気力を失った原因として書いていることが多い。この点は、やはりうつ病の特徴(自責の念、無気力感等)として理解するのが適切だろう。

第三に、中高年労働者の場合、いわゆる「会社人間」と呼ばれる滅私奉公型の意識で長年生きてきたために、自らの死によって会社組織に迷惑をかけるという気持ちから、ある意味で自然におわびの言葉が出てくることがあるかもしれない。ただし、終身雇用制が崩壊してきている中で、このような「会社人間」型の労働者は少なくなってきていると思われる。

第四に、個々の労働者にとって、職場での過重労働やパワハラをやめさせるために、経営者や上司の理不尽さに対してたたかって解決するということが現実的に想定しがたい。労働組合がない職場が多く、あっても、会社に従順な「御用組合」で頼りにならないと労働者が実感している。このため、集団的労使関係の問題として解決する見込みも少なく、こうした中で、労働者側に改善意欲が生まれにくくなり、無気力感がひろがっている一因になっているように思う。

5　過労自殺の社会的背景

デュルケームの自殺論

フランス生まれの社会学者エミール・デュルケームが一八九七年に公刊した『自殺論』は、自殺という人間行為と社会構造・道徳的構造との関係をさぐりながら、現代社会における個人の存立の危機をいち早く指摘した、社会学の古典である。一世紀以上前の著作であり、現代の精神医学的な見地から見れば精神疾患と自殺の関係に関する考察が弱いが、社会構造との関係で自殺を分析するという同書の視点は、現代日本の過労自殺を考えるうえでも、多くの示唆を与えてくれる（『過労自殺』初版第二章第7節参照）。

デュルケームは、「集団本位的自殺」という自殺タイプがあると述べ、その背景として、「社会が個人をあまりにもその従属下においている」と指摘しているが、これは、日本の企業と労働者の関係にもあてはまることがらである。

バブル経済崩壊後の雇用情勢のきびしさが労働者の会社に対する従属性を強めており、会社の支配に対する労働者の抵抗力の弱いことが自殺増につながっている。

また、「経済的破綻が生じる際には、ある個人を、それまで占めていた地位からそれ以下の地位ににわかに突き落としてしまうような、一種の没落現象がみられる」というデュルケームの指摘は、二一世紀初頭の日本でも、リーマン・ショック後の「派遣切り」という形で象徴的に現実化した。このようなアノミー(不規則性)的社会の雰囲気が労働者の不安感を醸成し、日々の労働による過労・ストレスの土壌となっている。

失業率と自殺率の連動

図2-9は、戦後日本の失業率と自殺率の推移を重ね合わせてグラフ化したものであるが、失業率の変化と自殺率の変化の傾向がほぼ一致していることが分かる(ここでの自殺率は、一九四七年～一九七七年は旧厚生省の統計を、一九七八年以降は、警察庁の統計を使用している)。

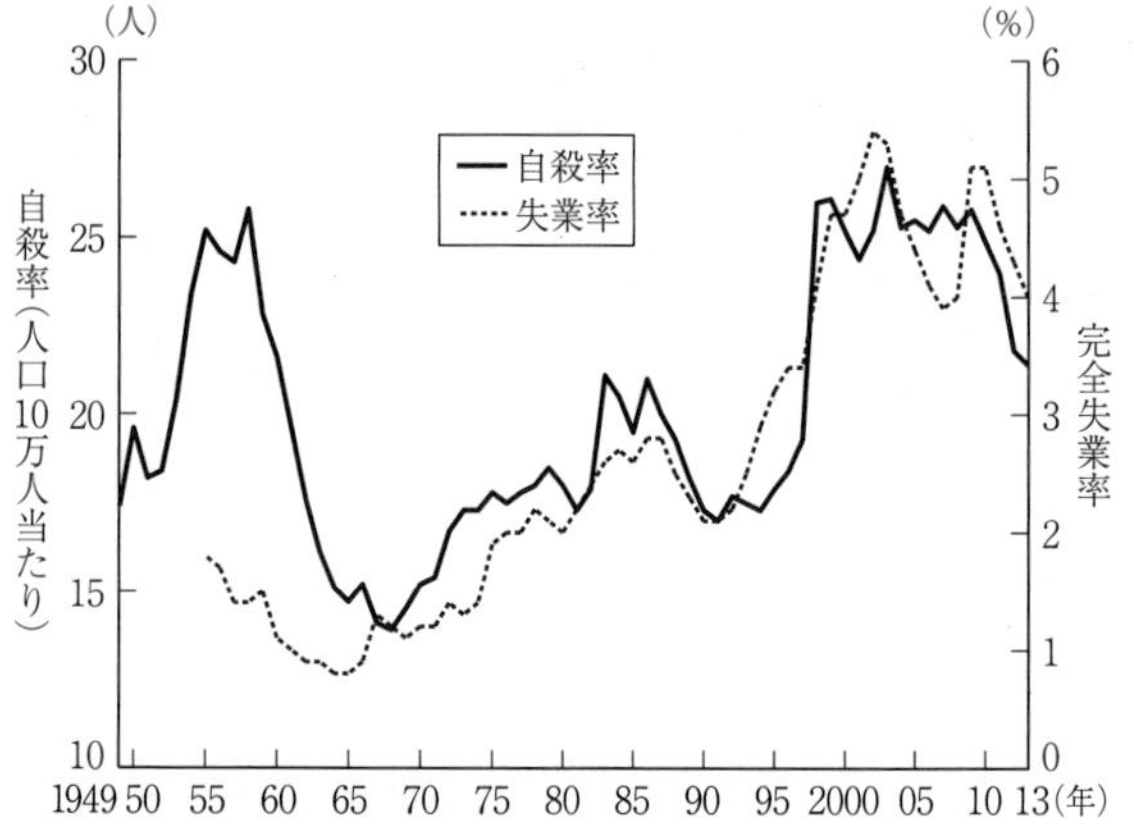

図 2-9　自殺率と完全失業率の推移

(出典) 厚生労働省「人口動態統計」(1947 年〜1977 年), 警察庁「自殺の概要」および内閣府「自殺の状況」(1978 年以降), 総務省統計局「労働力調査」

私は、『過労自殺』初版(一九九八年)で、「今後とも、雇用情勢のきびしさが予想されるだけに、日本人の自殺は一層ひろがる危険性を帯びている」と危惧の念を述べたが、果たして、その危惧は現実化した。

日本において失業率が高くなると自殺率が高くなるのは、失業による経済的困難を苦にして自殺する人が増えるというだけではないだろう。失業による精神的なバランスの喪失が生じ、さらには失業するかもしれないという不安感が、人々の間にひろがることが関係していると思われる。また、経済不況のなかで失業率の高い状態が続くと、職を失いたくない、リストラの対象とされたくないという自己防衛心から労働者

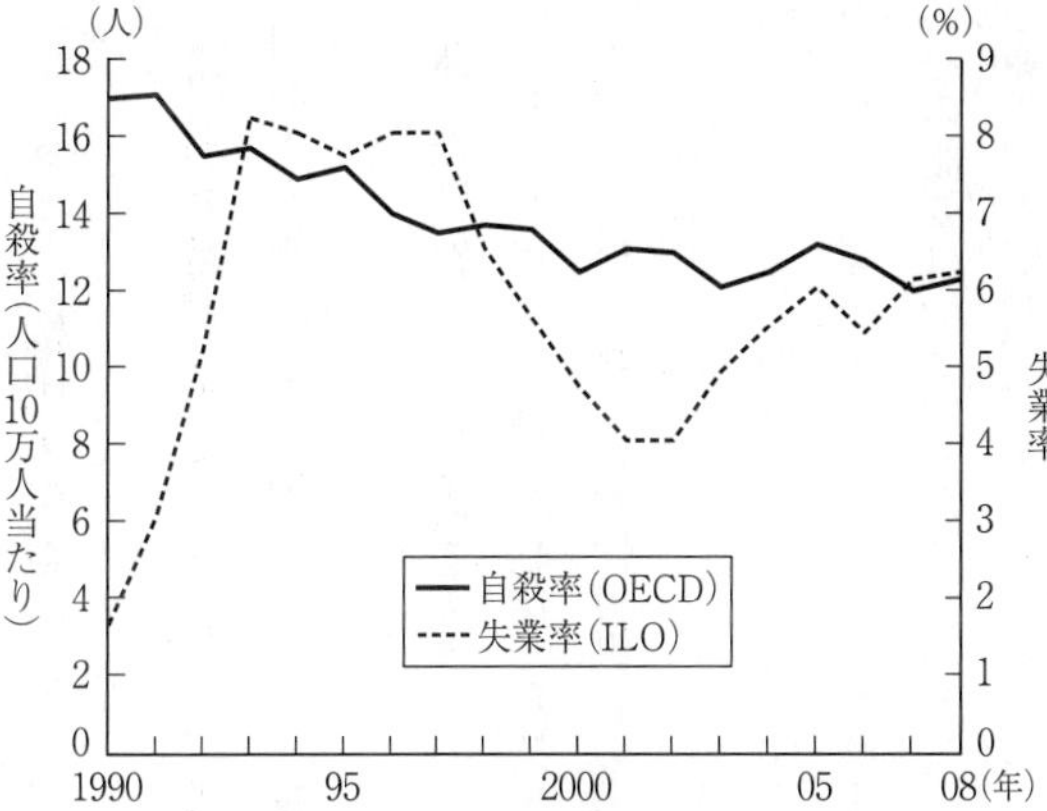

図2-10　スウェーデンの自殺率と失業率
（資料）OECDとILOのホームページより著者作成

の企業に対する従属性が強まり、業務による心身の疲れが増加していくのである。こうした意味で、過労自殺もまた失業率の影響を受けていることは間違いない。

国際的に見れば、どの国でも失業率と自殺率が連動するということではない。図2-10のとおり、スウェーデンでは、一九九〇年代以降、失業率が増大しても自殺率は減少傾向を続けた。このような日本とスウェーデンのちがいが生ずるのは、スウェーデンでは失業者に対するセイフティネットが充実していること、日本では失業者に対する社会の評価が冷たくきびしいことなどの事情が背景にあると思われる。

6　人権史・労働史から見た過労自殺

職場での過労自殺は、一九九〇年代以降の新しい現象と受け取られがちだが、二〇世紀初頭(明治・大正・昭和初期)にすでに、長野県下で多数発生していた。

諏訪湖畔の無縁墓地に眠る人々

一九六九年にＮＨＫが制作した特集ドキュメンタリー「ある湖の物語」は、かつて諏訪湖周辺の製糸工場で働いた女性労働者の実態を、当事者の証言と資料に基づいて描いたものであるが、この番組で語られている女工の悲劇は、現代の過労自殺と多くの面で共通している(同番組は、二〇〇一年四月一六日「ＮＨＫアーカイブス」で再放送された。なお希望者は、埼玉県川口市所在の「番組公開ライブラリー施設」で視聴することができる)。

その概要はつぎのとおりである。

諏訪湖の南側、三本杉のふもとに、自殺者の眠る無縁墓地がある。地元の人の話によると、そこには三〇数名の遺体が眠っている。彼女たちは製糸工場で働く娘であった。当時の新聞では、「夥《おびただ》しい自殺者」などの見出しで、女工たちの死が報じられている。当時、そこで眠る女工たちの遺族がその無縁墓地にやってきても、埋葬料の請求を恐れてか、自分の娘だと申し出る人は少なかったという。そして、村人たちが去ったあと、人目をしのんで髪の毛を持ち帰っていた。

また、諏訪湖の北側、中央線の横川鉄橋では、轢死者《れきししゃ》が続出していた。新聞には、「また中央線の轢死」などの見出しが並ぶ。その脇には、彼女たちを追悼するための碑が立っている。一九二七(昭和二)年の新聞記事によると、その半年間で、湖の周辺で自殺した女子工員は四七人にのぼる。

大正当時、諏訪湖の周辺には、二七〇余の製糸工場が立ち並んでいた。日本は明治維新以来、生糸輸出で外貨を得て、資本を蓄積していった。生糸輸出は、日本の外貨収入の四〜五割を占めており、そのうち三割は諏訪で生産したものだった。生糸産業が、日本の富国強兵を支える重要な財源となり、それを支えたのが諏訪湖の水に加え、山村の娘たちであった。

当時、諏訪湖周辺の工場には、四万人もの女工が働いていた。湖の周辺人口は五〇〇〇人に満たない時代であるというのに。地元出身の女工は一割足らず。諏訪以外の長野から来た女工が五割。あとは、山梨、新潟、岐阜の飛騨地方の農家の娘である。

「野麦峠はだてにはこさぬ　親に孝行尽くすため」との言葉のとおり、地主の娘は少ない田んぼを増やすため、小作の娘は重い年貢を払うため、諏訪へ諏訪へと集まったのであった。

一日一四～一五時間労働と入水自殺

諏訪のある生糸工場の元工場長H氏が、当時の女工の労働状況について語っている。彼のいた工場は、諏訪の数多くの工場の中で、もっとも労働条件のよい工場であった。しかし、その工場でも、三人の女工が入水自殺をし、衝撃を受けた彼は退職し、実態を語り始めたという。

H氏によると、女工たちは、だいたい朝五時から夜八時まで、一日一四～一五時間働いていた。その間に休憩時間はなく、許されていたのは食事をとることだけであった。その時間も、工場からさっと飛び出て食事に入り、終わったらすぐ飛び戻り、仕事を開始するというものであった。

そのように長時間休みなく働くと、二五～二六銭の工賃がもらえることになっていた。しかし、その工賃さえも必ずしももらえるとは限らなかった。成績が加味されたのである。つまり、「悪い糸」をとると、罰金が課されていた。そして、その罰金は時に多額なものであり、五〇銭や七〇銭の罰金を課されることもあった。そうすると、女工たちは、二日間働いても、その罰金を返済しただけで収入は全くない、ということになる。

また、そこでいう「悪い糸」も決して売れないものではなく、商品となっていた。工場経営者は、糸を売って利益を得ているのにもかかわらず、女工たちに給料を払うどころか、罰金を課していたのである。

また、蒸気がたちこめる工場の中での長時間労働によって、女工たちは疲弊し、その体調にも異変をきたした。女工たちの間に、肺結核が蔓延した。今となっては、その感染率を伝える資料などは残っていないが、数枚の秘密文書が残されている。そこからは、患者の多くが倒れるまで働いたうえで帰宅後に死亡していることがうかがわれる。

ある女工の遺書

『あゝ野麦峠――ある製糸工女哀史』（山本茂実、朝日新聞社、一九六八年）は、数多くの生存者からの取材結果と豊富な資料に基づき書かれた著作であるが、その中で、一六歳のある女工の死について記述されている。

諏訪湖に近い天竜川沿いの工場には鋼鉄製の水車が取り付けられていたが、投身した女工の水死体がこの水車にしばしばひっかかって発見されたという。

岐阜出身のスズさんもその一人だった。彼女は、重い病気をおして働いていた工女だったが、死亡数日前にも工場管理者から激しく乱打された。彼女の行李の中に、両親にあてて書いた片仮名の遺書が残されていた(原文のママ)。

シャッ金ガマダオワラズ、中シワケアリマセン、オヤ不幸ヲオユルシ下サイ、ワタクシノカラダハモウダメデス、サヨウナラ　スズ

スズさんを雇用していたM社の「工女賃金台帳」には「前借二百円、五年契約」と記入され、死亡した年は四年目に入っていたという。実家に前払いされていた借金を返済するため極限まで働き続けた末の結果だったのであろう。

一九〇六(明治三九)年にある皇族が、蚕糸業巡視のために特別列車に乗って秋深まる諏訪湖畔にやってきたが、その視察コースのあたりで漁師の網に水死体がひっかかったという事件も発生した。

水死体の数が年々増していく中で、大正時代になり福田徳三博士が「湖水にとびこむ工女の亡骸《なきがら》で諏訪湖が浅くなった」と演説してセンセーションを巻き起こしたほどに事態は深刻であ

った。大正末期には、市川房枝氏らが作った慈善団体「母の家」の人々が「ちょっとお待ち、悩みがあるなら母の家」と湖畔に立札をして歩き、工女の救済を始めるようになった。現代日本では、山梨県の樹海入口付近など自殺の多発地域で、自殺予防に関する立札が建てられ、ボランティアによる説得・相談活動が行われているが、ほぼ一〇〇年前にも諏訪湖畔で同様のことがすでに行われていたのである。

湯煙でかすむ糸繰場（大正時代）
（山本茂実『新版 あゝ野麦峠——ある製糸工女哀史』朝日新聞社，1972年より）

著者は、女工を特徴ごとに分類しているが、自殺に至ることの多いタイプとして「病弱型脱落者」と「企業戦犠牲者」を挙げている。前者は、体が弱いにもかかわらず無理な仕事をして病気になり、悪化して自殺などで死亡するのだが、後者は、糸ひきの技能が優秀なるがゆえに、優等工女・模範工女としてもてはやされた分、働け働けという無言の圧力によって死に追い込まれたのだろうという。現代の職場でも、技術的にあるいは営業的に優秀な者もま過労自殺に追い込まれている。

カギのかかった工女部屋(前掲『新版　あゝ野麦峠』より)

肺結核、消化器疾患、精神疾患……

『女工哀史』(細井和喜蔵、岩波文庫)では、製糸工場では一般社会よりもはるかに高い率で精神疾患の患者が出ていた旨、記述されている。

実例として挙げられている男性工員は、勤務中卒倒し二昼夜も意識を失ったままで、ようやく意識を回復した後、「ドーラン、ドーラン」とつぶやき続け、絶えず仰向けに寝て両手を動かした。あとになってその言葉と動作の意味が分かった。彼の担当機械の乾燥機には銅製のローラーがあったが、その表面が凸凹に毀損《きそん》しているため、経糸に糊むらができ、製織不能となることがあった。工務係にやかましく叱責されるので、彼は、そのローラーの取替を度々せまったが、高価のためなかなか取り替えてもらえなかった。そこで、彼は、苦心しながらそのローラーの上層に羅紗《ラシャ》(織物)を巻きつけて運転していた。「ドーラン」とは、そのローラーの片言であり、彼の変な手つきは、ローラーに羅紗を巻く手振りだった。彼は、その翌年家族を遺して死亡した。

このような精神疾患の患者に多く出会った細井氏は、「紡織工場のごとく喧噪《けんそう》な処で、少々体が悪くとも我慢して長時間働かねばならぬことは、実にこの精神病と大なる関係があるように思われる」と指摘している。

この著作には、肺結核、消化器病、感冒、眼の病気、婦人病、出産異常(乳児死亡率の高さ)など、業務、労働環境が影響していると思われる多くの疾病の発生が詳しく論じられている。

二〇一四年六月、群馬県の富岡製糸場が「世界遺産」として登録されたが、明治維新後の製糸業を産業発展の観点からのみ見るのでは、歴史を学ぶことにはならない。「女工哀史」の教訓もまた世界に向けて伝えていくことが大切である。

野麦峠頂上の供養塔(北原和登氏撮影)(同右)

戦前の剝き出しの強暴な資本主義への後戻り

明治・大正・昭和初期を通じて、多くの若い女性労働者が過重労働から逃れようとして諏訪湖に投身自殺した。平成の時代に入っても、第一章で述べたとおり、同じような過重な労働が原因で相次ぎ自殺者が出ている。

戦前と現代の職場の実態と比較して見ると、常軌を逸した長時間労働、ミスが許されない労務管理、様々な疾病の発生、自殺遺族が社会の眼を恐れる事実など、あまりに共通点が多いことに愕然とする。

明治維新以降の富国強兵・殖産興業政策による急激な産業革命の過程で、長時間労働や過酷な労働環境により数多くの労働者のいのちと健康が奪われた。大正時代に、福原義柄教授(当時大阪医専)は、『社会衛生学』訂正第二版(南江堂書店、一九一九年)において、「憲政擁護ト云フ流行語アリ、サレド吾人ハ吾人ノ立場ヨリ社会衛生ノ擁護ト云フコトヲ絶叫シタイ」と述べ、社会衛生政策の重要性と緊急性を強調し、その中で「就業時間の過長休養の不足」の有害性についても指摘していた。

太平洋戦争終結を境として新しい憲法と労働法が出来て、働く者のいのちと健康が尊重される時代になったはずだった。

しかし、作家井出孫六氏が、戦後日本の製糸業界を揺るがした「近江絹糸人権争議」に関する論考で指摘したように、歴史は一九四五年八月をもって切断されたのではなかった(『世界』一九八九年一一月号、岩波書店)。

戦前に作られ戦後も歌われ続けている唱歌に、「森の水車」という曲がある。その二番三番の歌詞がつぎのようになっている。

㈡ 雨の降る日も　風の日も／森の水車は　休み無く／粉挽き臼の　拍子とり／愉快に唄を　続けます／コトコト　コットン（中略）／仕事に励みましょう（中略）

㈢ もしもあなたが　怠けたり／遊んでいたく　なったとき／森の水車の　うた声を／独りしずかに　お聞きなさい／（以下繰り返し）

ここにおいても、戦前の思想は受け継がれているのである。

戦後の高度経済成長の過程で、じん肺・炭鉱爆発など様々な労災・職業病が多数発生し、労働者のいのちと健康が奪われた。二度のオイル・ショックを乗り越え、一九八〇年代に「経済大国日本」を実現する過程で、長時間で過密な労働がひろがり、過労死が続発した。

そして、バブル経済崩壊後の一九九〇年代後半以降、日本の労使関係・労資関係は、戦前のいわば剝き出しの強暴な資本主義へ後戻りしつつあり、過労自殺はその象徴的な犠牲のように思われる。

過労自殺を、資本主義発達史、労働史、人権史、公衆衛生史との関連において把握し分析していくことが求められている。そして、その歴史的教訓を踏まえて、労働者のいのちと健康を守る職場を作っていかなければならない。

第三章　労災補償をめぐって

1　労災補償とは

在職中の労働者が自殺に至った場合には、仕事に無理がなかったのか、労務管理に問題はなかったのかなどを調査・究明していくことが大切である。そして、その結果、死亡と業務との関連が明らかになれば、その死亡を労働災害(労災＝業務上の死亡)として認め、遺族に対して労災補償を行い、かつ、職場の改善の教訓としなければならない。

このように、過労自殺の労災補償問題は、遺族の生活救済のためにも、自殺予防のためにも大変重要な位置を占めている。そこでこの章では、過労自殺に関する労災補償の現状と問題点を明らかにしたい。

労災補償には、大きく分けて二種類ある(図3-1参照)。

その一つは労災保険制度による労災保険金給付(これを法定補償ともいう)であり、もう一つは企業(使用者)による補償である。

労災保険金は、個別企業が支払うのではなく、労災保険の財源から支払われる。この労災保

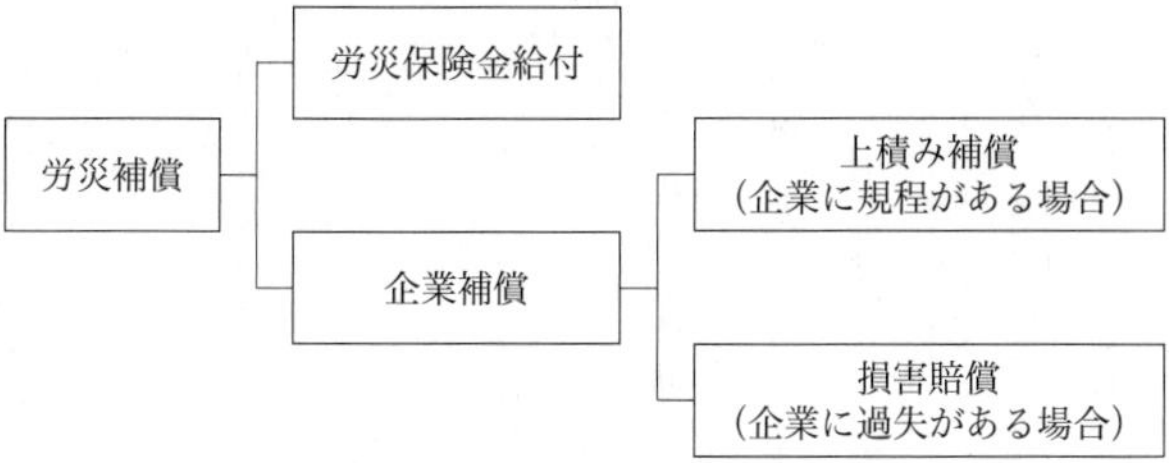

図 3-1　労災補償の種類

険金の収入源のほとんどは、各企業が拠出する保険料である。給付するか否かは、各事業所を管轄する労働基準監督署(労基署)が決定するが、不支給の決定に対して被災者・遺族は不服申立(審査請求、再審査請求)をすることができ、さらには、被告を国とする行政訴訟を提訴して裁判所の判決を受けることもできる。この労災保険金は、労災と認定されれば、企業側に過失があるか否かにかかわらず、支給される。支給額は、労災によって被った損害総額ではなく、労働者災害補償保険法(労災保険法)で定められた金額が、一時金や年金のかたちで支払われる。

企業による補償は、さらに二つに区分される。一つは就業規則や労使協定によって支給されるものであり、通常、労災保険金に追加されるので「上積み補償」と呼ばれる。もう一つは労災が発生したことについて企業側に過失がある場合に、損害賠償金として被災者・遺族に支払われるもので、このときは、慰謝料を含めた全損害が補償の対象となる。この過失があるか否かは、企業が従業員の安全を配慮すべき義務(安全配慮義務)を尽くしたか否かによって判断され、労基署ではなく裁判所が判断する。この場合の訴訟は被告を企業(使用者)とする損害賠償請求訴訟である。

つまり、日本の法律制度では、被災者・遺族は、労基署への労災保険金支払請求と、企業への補償請求の両方を行うことができる。

本章では、労災保険金給付(労災認定)を中心にして説明することとする。

2　労災補償に関するQ&A

(1)労災申請の手続

Q　夫が過労で死亡しましたが、幼い子どもがいるので将来が不安です。労災保険の適用を受けたいのですが、手続は、どこに対してどのようにすればよいのでしょうか。

A　民間の会社で働いていた場合には、事業所近くの労働基準監督署(労基署)に、請求手続(労災申請)を行います。

制度の仕組み

仕事の過労・ストレスが原因で亡くなった場合、脳・心臓疾患の場合でも自殺の場合でも、遺族は労災保険制度による労災補償を受けることができます。したがって、労基署に対して労災申請を行い、労災と認められれば、労災保険から遺族補償年金などが支給されます。

労災保険の保険料は、会社が全額負担することになっており、労災が発生した場合に、遺族が労基署に対して請求をすれば、補償金を受け取ることができる仕組みになっています。会社が労災保険料を支払うことは、法律上の義務です。もし仮に会社が労災保険料を支払っていない場合でも、遺族は労災申請を行い、保険金を受け取ることができます(表3-1)。

労災の申請は、被災者(労働災害で死亡した労働者、または、病気になったり、負傷した労働者)が勤務していた事業所を管轄している労基署に対して行います。

労災申請のための請求書は、労基署に備え付けられています。請求書には、戸籍謄本や死亡診断書などの書類を添付することが必要です。申請書類の書き方や必要な添付書類については、労基署の窓口や弁護士等の専門家に確認してください。

会社の協力義務と申請行為

労災申請を行う権利は、遺族の固有の権利であり、会社の許可を得る必要はありません。会社が過労死と認めていなくとも、労災申請はできます。

事業主は遺族が労災申請手続を行うことができるよう、助力する義務があり、遺族から労災申請書類に必要な証明を求められた場合には、速やかに証明をしなければなりません(労災保険法施行規則第二三条)。

しかし、現実にはこの協力義務に反して、証明を拒否する事業主が存在します。事業主が協力義務に違反している場合に、遺族が不利益を被るいわれはなく、遺族は事業主の証明印がなくとも、労災申請が可能です。実務上は、事業主に証明を拒否されたことを上申する説明文書を添付して申請しています。

労災申請をしてから結論が出るまでの期間は、厚生労働省は六か月以内と定めていますが、おおむね六か月から一年程度かかっているのが実状です。調査は労基署が行い、申請者側から提出された書類や資料の他に、医療機関や会社からも資料を集めます。

申請の際には、所定の申請書類(最低必要なもの)とは別に、過重な労働の実態については、別途詳しい説明文書や労働時間集計表を労働基準監督署に提出することが大切です。会社が重

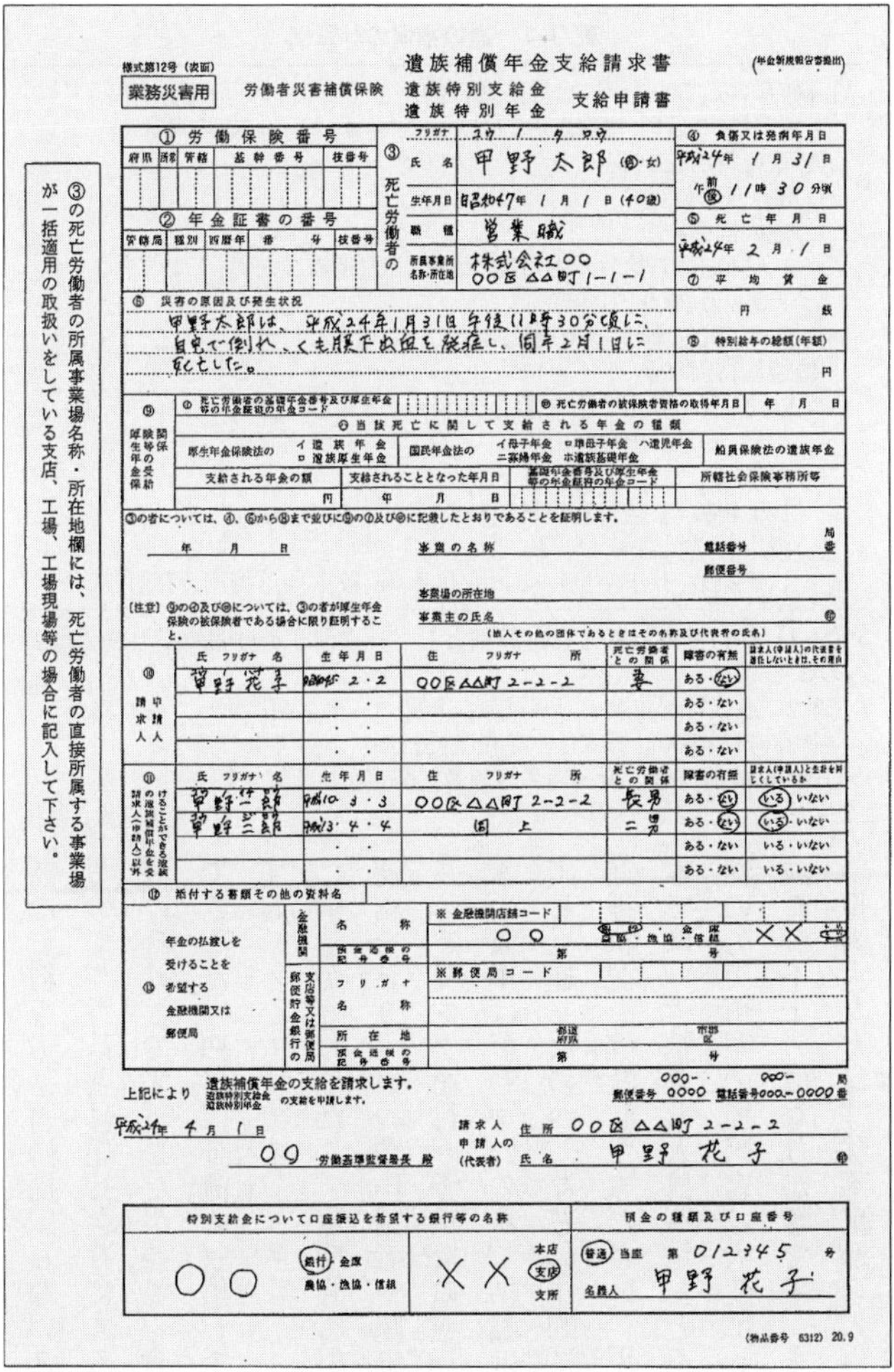

様式第12号（表面）

業務災害用

労働者災害補償保険　遺族補償年金支給請求書　遺族特別支給金　遺族特別年金　支給申請書

③の死亡労働者の所属事業場名称・所在地欄には、死亡労働者の直接所属する事業場が一括適用の取扱いをしている支店、工場、工場現場等の場合に記入して下さい。

③死亡労働者の　氏名	甲野太郎（男・女）
生年月日	昭和47年1月1日（40歳）
職種	営業職
所属事業場名称・所在地	株式会社〇〇　〇〇区△△町1-1-1
④負傷又は発病年月日	平成24年1月31日　午後11時30分頃
⑤死亡年月日	平成24年2月1日

⑥災害の原因及び発生状況

甲野太郎は、平成24年1月31日午後11時30分頃に、自宅で倒れ、くも膜下出血を発症し、同年2月1日に死亡した。

③の者については、④、⑥から⑧まで並びに⑨の④及び⑥に記載したとおりであることを証明します。

⑩請求人・申請人　氏名	生年月日	住所	死亡労働者との関係	障害の有無
甲野花子	昭和50年2月2日	〇〇区△△町2-2-2	妻	ある・ない

⑪請求人（申請人）以外の遺族補償年金を受けることができる遺族　氏名	生年月日	住所	死亡労働者との関係	障害の有無	請求人（申請人）と生計を同じくしているか
甲野一郎	平成10年3月3日	〇〇区△△町2-2-2	長男	ある・ない	いる・いない
甲野二郎	平成13年4月4日	同上	二男	ある・ない	いる・いない

⑬年金の払渡しを受けることを希望する金融機関又は郵便局　名称　〇〇銀行　××支店

上記により　遺族補償年金の支給を請求します。　遺族特別支給金・遺族特別年金の支給を申請します。

郵便番号 000-0000　電話番号 000-000-0000

平成24年4月1日

〇〇労働基準監督署長　殿

請求人・申請人の（代表者）　住所　〇〇区△△町2-2-2　氏名　甲野花子

特別支給金について口座振込を希望する銀行等の名称　〇〇銀行　××支店

預金の種類及び口座番号　普通　第012345号　名義人　甲野花子

（物品番号 6312）20.9

申請書類の書き方の参考例

（出典）川人博・平本紋子『過労死・過労自殺労災認定マニュアル』（旬報社，2012年）

表 3-1　遺族補償の計算例

給与年額が約 500 万円(給付基礎日額が 1 万 4000 円と仮定)，年間ボーナスが約 73 万円，遺族が妻及び子 2 人(11 歳，16 歳)の場合
(1)遺族特別支給金
300 万円(定額)
(2)遺族補償年金
1 万 4000 円(給付基礎日額)×223 日分(遺族 3 人)
＝312 万 2000 円(年額)
※ただし，厚生年金を受給している場合には減額
(3)遺族特別年金
2000 円(年間ボーナス額÷365 日)×223 日分(遺族 3 人)
＝44 万 6000 円(年額)
(4)葬祭料
1 万 4000 円(給付基礎日額)×60 日分＝84 万円
(5)労災就学援護費
1 万 2000 円(小学生)＋1 万 8000 円(高校生)＝3 万円(月額)

(注 1) 給付基礎日額とは，原則として死亡前 3 か月間の平均賃金日額のこと
(注 2) 遺族特別年金の計算式は，年間ボーナス額によって少し異なる
(注 3) 葬祭料の計算式は，給付基礎日額によって少し異なる
(出典) 前掲『過労死・過労自殺労災認定マニュアル』

要な資料を労基署に提出しないこともあるので、労基署に任せきりにすることは避けるべきです。したがって、遺族も、できるだけ独自に証拠を収集して、提出することが大切です。

申請が終わったら、定期的に担当官と連絡をとり、いつ頃申請者や職場の人からヒアリングを行う予定なのか、医療情報の収集は終わったのか、結論はいつ頃出る見通しなのか、など具体的に調査の進捗状況を確認してください。現在の日本では、労基署も人員不足でとくに過労性の労災事案の担当官は大変忙しくて、調査が不十分になりがちです。また、若い担当官などは経験不足から大事な項目

の調査を忘れたりすることもありますので、注意をしてください。

あきらめないで申請を

ご遺族の中には、「労災申請をすると会社に迷惑をかける」と考える方もいますが、そのような心配をする必要はありません。会社は労災保険の適用を受けるために、月々の労災保険料を支払っているので、もし労災申請をしないのであれば、労災保険料を納めている意味がなくなります。

労災と認定されれば、単に金銭的補償を受けることができるだけでありません。個人的な事情が死亡の原因ではなく、過重な労働など仕事上のことがらが原因であることを、国が明確に認めたということになります。このことは、亡くなった本人の名誉のためにも、そして、職場で同様の労災を繰り返さないためにも重要な意義をもちます。

(2)認定件数と認定基準

Q　労災の申請をしても認められないことが多いと聞きましたが、実情はどうなのでしょうか？
また、認定されるかどうかの具体的な基準が作られているのでしょうか？

A　脳・心臓疾患、精神障害・自殺に関しては、申請した件数のうち、およそ三〇～四〇%が労災と認定されています。厚生労働省が、認定するかどうか判断するための基準を作っています。

労災認定件数

表3-2は、過労性の脳・心臓疾患、ならびに精神障害・自殺の事案について、労災申請件数と労災認定件数の推移を示したものです(脳・心臓疾患に関しては死亡だけでなく重度障害を含み、自殺に関しては自殺未遂を含んだ数字)。

このように労災認定される確率は、脳・心臓疾患の事案でも精神障害・自殺の事案でも、五

表 3-2　認定件数一覧

(件)

年度	A 脳血管疾患及び虚血性心疾患等(「過労死」等事案)の労災補償状況						B 精神障害等の労災補償状況			
	脳血管疾患		虚血性心疾患等		合　計		精神障害		うち自殺(未遂を含む)	
	請求	認定	請求	認定	請求	認定	請求	認定	請求	認定
1988	480	14	196	15	676	29	8	0	4	0
1989	538	19	239	11	777	30	2	1	2	1
1990	436	21	161	12	597	33	3	1	1	1
1991	404	24	151	10	555	34	2	0	0	0
1992	328	11	130	7	458	18	2	2	1	0
1993	277	19	103	12	380	31	7	0	3	0
1994	289	23	116	9	405	32	13	0	5	0
1995	403	43	155	33	558	76	13	1	10	0
1996	415	49	163	29	578	78	18	2	11	1
1997	349	46	190	27	539	73	41	2	30	2
1998	309	47	157	43	466	90	42	4	29	3
1999	316	49	177	32	493	81	155	14	93	11
2000	448	48	169	37	617	85	212	36	100	19
2001	452	96	238	47	690	143	265	70	92	31
2002	541	202	278	115	819	317	341	100	112	43
2003	486	193	256	121	742	314	447	108	122	40
2004	541	174	275	120	816	294	524	130	121	45
2005	608	210	261	120	869	330	656	127	147	42
2006	634	225	304	130	938	355	819	205	176	66
2007	642	263	289	129	931	392	952	268	164	81
2008	585	249	304	128	889	377	927	269	148	66
2009	501	180	266	113	767	293	1136	234	157	63
2010	528	176	274	109	802	285	1181	308	171	65
2011	574	200	324	110	898	310	1272	325	202	66
2012	526	211	316	127	842	338	1257	475	169	93

(注 1) A 表は，労働基準法施行規則別表第 1 の 2 第 9 号の「業務に起因することの明らかな疾病」に係る脳血管疾患及び虚血性心疾患等(「過労死」等事案)について集計したものである
(注 2) A 表の 1988 年度～96 年度の請求件数は「業務上の負傷に起因する疾病」も含む
(注 3) 認定件数は当該年度に請求されたものに限るものではない
(注 4) 2001 年 12 月に脳・心臓疾患の認定基準が改正されている
(注 5) 1999 年 9 月に精神障害等の判断指針が策定されている
(出典) 川人法律事務所作成

〇%未満ですので、現状では、普通の生命保険のように原則として保険金が支払われるということにはなっていません。認定率が半分以下というのは、申請者にとってはきびしい数字です。とはいえ、かつては、労災認定される確率がほんの数%という時代が続きましたので、その頃と比較すれば、かなり改善されてきたといえます。遺族の方々の切実な訴えが、世論の支持を得て、厚い行政の壁を変えてきたのです(本章第3節参照)。

現在においても、労災と認定されるべき事案にもかかわらず、労災と認められていない事案が多いので、今後とも労災行政を改善していくことが重要です。

労災認定基準

厚生労働省は、労災か否かを判定する基準(労災認定基準)を作り、これに基づいて全国の労働基準監督署(労基署)が個別の事案について、調査をして結論を出しています。

脳・心臓疾患に関しては、二〇〇一年一二月一二日に、「脳血管疾患及び虚血性心疾患等の認定基準について」(基発一〇六三号)が作られました。

この認定基準では、①発症前おおむね六か月間を業務の過重性の評価期間として、②時間外労働がおおむね月四五時間を超えると業務と発症との関連性が強まり、③時間外労働がおおむね平均月八〇時間を超える場合には原則として業務と発症との間に関連性が強いと評価し、④この他にも勤務の不規則さ、拘束時間の長さ、出張の頻度・内容、交替制勤務や深夜勤務、作業環境（温度・騒音・時差）、精神的緊張を伴う業務についても考慮する旨定めています。

一方、精神障害・自殺に関しては、一九九九年九月一四日に、「心理的負荷による精神障害等に係る業務上外の判断指針について」（基発五四四号）及び「精神障害による自殺の取扱いについて」（基発五四五号）が作られ、さらに改正版として、二〇一一年一二月二六日付で、「心理的負荷による精神障害の認定基準について」（基発一二二六第一号）が作られました。

精神障害や、精神障害の結果としての自殺に関する労災認定基準は、脳・心臓疾患と共通する部分もありますが、相違する部分も存在します。

すなわち、①精神障害発病前おおむね六か月間の出来事を評価すること、②時間外労働が長いほど心理的負荷が強いと評価されること、③業務上のストレスを考慮すること、などの点で共通しています。しかし、過重と評価される時間外労働の数字が、脳・心臓疾患の事案と精神障害・自殺の事案では異なっているなど、相違点も数多くあります。

脳・心臓疾患の場合には、前述のとおり、八〇時間以上の時間外労働があれば、原則として労災認定されていますが、精神障害・自殺の場合には、事実上一〇〇時間以上の時間外労働の存在が、労災認定のための目安とされています。この点だけを見ると、精神障害・自殺の場合のほうが労災認定のためのハードルが高くなっています。

ただし、他方では、脳・心臓疾患の場合には、ほとんどの事案が時間外労働時間数だけで判断されており、他の要素はあまり重視されていませんが、精神障害・自殺の場合には、後述するような様々な心理的負荷を考慮しますので、時間外労働時間が少ない事案でも労災と認められるケースが多いのが特徴です。とくにひどいハラスメント(嫌がらせ、いじめ、暴力)がある事案では、時間外労働がほとんどゼロの場合でも、労災と認定されています(第一章第5節の事例)。

(3)長時間労働の立証方法

Q　息子がＩＴ職場で働いていたのですが、仕事の疲れからうつ病になり自殺しました。彼の職場にはタイムカードがありませんが、実際の労働時間を証明するためにどのような資料を集めればよいのでしょうか？

A　労働実態に関わるあらゆる資料を集めるほかに、一緒に勤務していた同僚などから、勤務状況に関する話を聞いてください。

労働時間を証明する資料

労働時間を証明する資料のうち、会社が保管していることが多いものは、タイムカード、出勤簿、入退館・入退室記録、警備記録、最終退出簿、休日出勤記録簿、残業・宿泊申請書、シフト表、スケジュール表、賃金台帳、給与明細書、業務日報、出張報告書、会議の議事録、交通費の精算書、社内で業務上使用していたパソコンのログオン・ログオフ記録、サーバーへのアクセス記録、文書更新記録、メールの送受信記録、などです。

会社が労基署に証拠をきちっと提出するとは限らないため、遺族が労災申請の前に収集し、あらかじめこれらの証拠に基づいて労働時間を計算したうえで、申請時には労働時間集計表と一緒に証拠を提出することが望ましいといえます。

また、労働者本人が持っていたパソコンのログオン・ログオフ記録等の諸データ、メールの送受信記録、携帯電話の発着信・メール送受信記録、タクシーの領収書、交通機関の利用履歴

(Suica、PASMO等)、手帳、日記、ノート、メモ帳、書き込みのあるカレンダーなども、労働時間を証明する資料になります。

資料に限らず、「▲▲さんは毎日午後一一時過ぎまで勤務していました」という同僚の証言なども、労働時間を証明する証拠になりますので、電子的な記録が残っていない場合でもあきらめないでください。関係者から聞いた話は、陳述書や聴取報告書などの文書にまとめて、労基署に提出するとよいでしょう。

遺族が話を聞くことができなかった関係者については、労基署に対し、聴取対象者にしてほしいと要請するのがよいと思います。たとえば、同僚のAさんや部下のBさんが息子さんの労働の実態をよく知っていると思われる場合には、労基署の担当官に対して、AさんやBさんから必ず事情聴取を行うように要請してください。

留意すべき事項

パソコン、携帯電話、スマートフォンなどIT機器のデータは、その後の使用状況や時間の経過とともに自動的に消えていくことがありますので、早くデータを保存することが大切です。また、パソコンの操作を誤ると、残っているデータを消してしまう危険があるので、パソコン

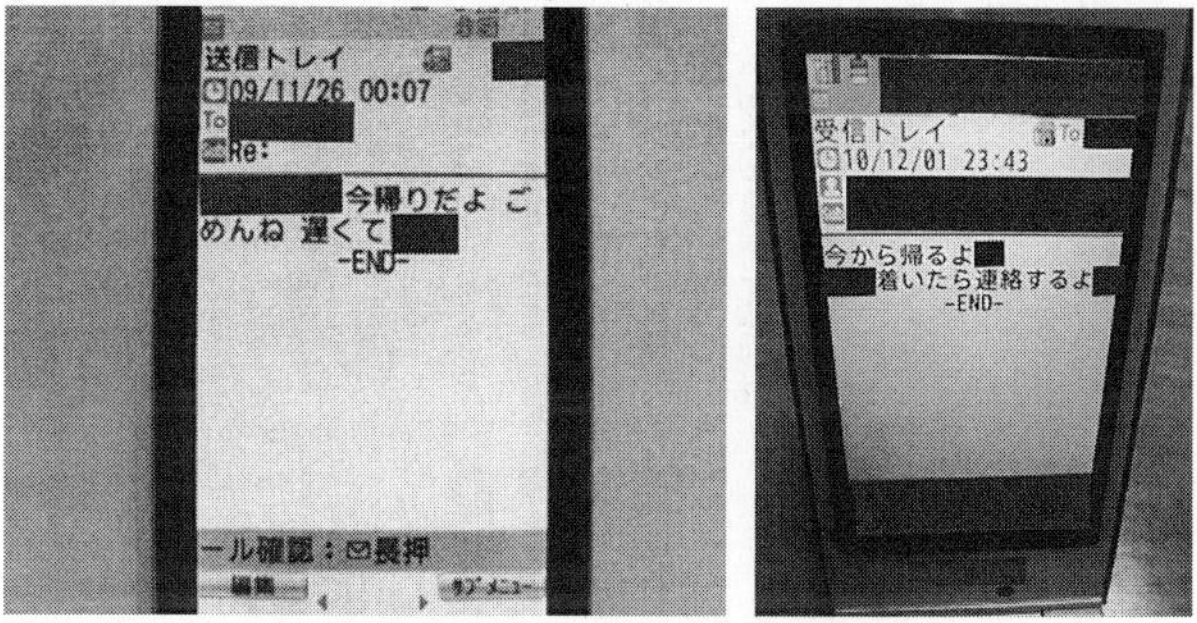

携帯電話のデータを証拠化する例
（出典）前掲『過労死・過労自殺労災認定マニュアル』

に精通していない人は、専門家に依頼することも検討してください。パソコンにパスワードが掛かっていて、開くことができない場合は、無理にパスワードを解除しようとせず、専門家に相談してください。

携帯電話会社に連絡してデータを保存してもらうか、早期の段階でデータを移してバックアップをとる方法もあります。メールの送受信画面をカメラで撮影した写真なども、証拠になります。

悪質な会社の場合には、労働時間に関する証拠を隠したり、廃棄したり改竄するおそれもありますので、証拠はできるだけ早く入手する必要があります。

仮に会社が資料を任意に提出しない場合は、裁判所を通じて資料を交付させる手段（証拠保全手続）もありますので、こうした問題に詳しい弁護士に相談してください。証拠保全期日には、弁護士が出席するだけでなく、パソコンの専門家などに同行をしてもらい、現場で専門的なアドバイスを受けて、より確実に証拠を保全できるようにすることがあります。

(4)労働時間以外の要素について

Q 精神障害や自殺が労災か否かの判断は、労働時間数だけで決められるのでしょうか。

A 労働時間以外にも、様々なストレスを考慮して判断されています。

心理的負荷評価表

精神障害・自殺の認定基準は、業務による心理的負荷の強度を判断する参考資料として、「業務による心理的負荷評価表」(巻末資料参照)をつけています。この表では、「転勤をした」「ノルマが達成できなかった」「仕事内容・仕事量の変化を生じさせる出来事があった」「顧客や取引先からクレームを受けた」などの業務上の出来事が掲げられています。

そして、一般に労働時間とともに、こうした出来事による負荷を含めて総合的に判断し、心理的負荷の強度を評価して、業務上の疾病・死亡か否かを決めています。

たとえば「転勤をした」という出来事の前や後に、恒常的な長時間労働(月一〇〇時間程度となる時間外労働)があった場合には、労災と認定されるという仕組みになっています。「顧客や取引先からクレームを受けた」という出来事の前や後に、恒常的な長時間労働があった場合にも、労災と認定されます。

したがって、心理的負荷が発生する業務上の出来事の事実を示して、かつ、月一〇〇時間を超える時間外労働時間の証明ができれば、多くの場合に労災と認められます。

「転勤をした」という出来事のほかに、たとえば「ノルマが達成できなかった」「顧客や取引先からクレームを受けた」などの複数の出来事があった場合は、これら複数の出来事による心理的負荷が総合的に評価されます。

もっとも、認定基準の「業務による心理的負荷評価表」は、心理的負荷の程度を考える際の参考資料にすぎません。この評価表では、業務上の出来事の心理的負荷の程度が、過小評価されているものも結構見受けられますので、形式的なあてはめに終わらず、被災者の過労・ストレスの実情を総合的に考慮するように、労基署に主張していくことが大切です。

ハラスメント

また、職場でのパワーハラスメント（パワハラ）、セクシャルハラスメント（セクハラ）が原因で心の病に陥り、死亡にまで至るという痛ましい実例も少なくありません。

認定基準によれば、ひどい嫌がらせやいじめ、または暴行を受けたことによって、精神障害を発病し自殺に至った場合には、労災となります。ひどい嫌がらせやいじめとは、部下に対する上司の言動が業務指導の範囲を逸脱しており、人格や人間性を否定するような言動を含む場合や、嫌がらせが執拗に繰り返される場合、同僚等の多人数が結託して人格や人間性を否定するような言動を繰り返した場合などです。嫌がらせやいじめには、上司から部下に対する言動に限らず、部下から上司に対する言動も含まれます。

嫌がらせやいじめが繰り返されている場合は、その繰り返される出来事が一体のものとして評価され、継続していれば心理的負荷がより強まると判断されます。また、嫌がらせやいじめが始まった時からのすべての行為が評価の対象となります。

また、嫌がらせやいじめとまでは評価できなくとも、業務指導や業務上の方針をめぐって上司や同僚、部下とトラブルになった場合には、業務による心理的負荷があったと評価されます。トラブルの内容、程度、その後の業務への支障等を考慮し、大きな対立が生じてその後の業務に大きな支障を来したといえるような場合などは、強い心理的負荷を受けたとして、労災となります。

嫌がらせやいじめの事実は、事後的に証明することが難しいため、事情をよく知る関係者の証言が重要になります。また、被災者本人がパソコンやノート、手帳などにハラスメントの内容を書き残していることもあります。

セクハラによる心理的負荷の程度は、行為の態様や継続の状況、会社の対応などを考慮して判断されます。本人の意思を抑圧してわいせつ行為が行われた場合、胸や腰等の身体的接触を含むセクハラであって継続して行われた場合は、強い負荷を受けたとして、当然労災の対象となります。身体接触のない性的な発言のみのセクハラであっても、発言の中に人格を否定するようなものを含み継続してなされた場合、会社が継続したセクハラがあると把握していても適切な対応をとらず改善がなされなかった場合などは、強い心理的負荷を受けたと評価され、労災と認定されます。

(5)精神障害発病の証明

Q　自殺前に精神科を受診していなかった場合は、労災認定の対象にはならないのでしょうか？

A　死亡後の調査分析によって、精神障害に罹患していたことが証明できれば、労災認定の可能性があります。

現行法令では、自殺が労基署によって労災と認定されるためには、過重な業務やハラスメントによって、精神障害を発病していたことが要件となっています。

対象となる精神障害とは、ICD‐10(WHOが定める診断ガイドラインのこと)のF0からF9に分類される、うつ病等の精神障害とされています。過労自殺で亡くなった方は、亡くなった当時に何らかの精神障害を発病していることがほとんどですが、精神科を受診していない人が多いのが実状です。

しかし、生前の精神科の診断がなされていなくとも、精神障害による自殺であることを証明することはできます。労基署の依頼を受けた精神科の専門医の部会(各都道府県ごとに三名で構成)も、労基署が集めた証拠に基づき、「仮に亡くなった当時に当該労働者が精神科を受診していたとすれば、どのような診断がなされたか」という観点で判断することになります。

精神障害の代表例であるうつ病は、抑うつ気分、興味と喜びの喪失、易疲労性、活動性の低下、集中力と注意力の減退、自己評価と自信の低下、罪責感と無価値観、将来に対する悲観的な見方、自傷行為や自殺の観念、睡眠障害、食欲低下などの症状を伴います。家族や同僚が本人について、元気がなく暗い表情だったこと、日課だった新聞を読まなくなったこと、好きだったテレビ番組に興味を示さなくなったこと、帰宅後疲れた様子であったこと、忘れ物が多くなったこと、弱音を吐いて涙をこぼしていたこと、死にたいと言っていたこと、睡眠導入剤を飲んでいたこと、食欲が減退し痩せてきていたこと、などの事実を証言すれば、うつ病の症状を示す証拠になります。

また、本人がメモや日記、遺書にこれらのことを書き残している場合でも、証拠になります。近年は、メモや日記だけでなく、ツイッターやブログなどを通じて、本人がインターネット上に心身の変化を綴っている例も多く見られます。第一章第1節の工事監督者の事例は、その典型的なケースです。

また、不眠や頭痛などを訴え、精神科ではなく一般内科などを受診していることがあります。

そのような場合、主治医の先生が精神障害と診断していなくとも、カルテに心身の不調について記載されていれば、重要な証拠となります。また、家族に内緒で精神科を受診していたということもあります。したがって、受診歴がないと思われるような場合でも、遺品の中に医療機関のカードや領収書がないかどうか調べてください。健康保険組合に連絡し、過去数年分の被災者の受診歴を取り寄せてみる方法もあります。

(6)不服申立と行政訴訟

Q　労働基準監督署が労災と認めなかった場合、不服申立はできるのでしょうか?

A　労働者災害補償保険審査官に対し、審査請求をすることができ、さらに不服がある場合には、労働保険審査会に対し、再審査請求をすることができます。

審査請求・再審査請求

労災と認められなかった場合には、労働者災害補償保険審査官(労基署の上級機関である労働局に所属している）に対し、審査請求をすることができます。審査請求手続は、原則として業務外決定を知った日の翌日から六〇日以内に行う必要があります。

業務外決定がなされた場合は、調査を行った担当官に会い、業務外と判断した理由の説明を受けてください。また、個人情報開示請求手続を利用し、労基署が調査した資料を交付するよう、労働局に求めることが大切です。今後、どのような点を立証すればよいのかを考える手がかりになります。個人情報開示請求書の書式や請求方法は、厚生労働省のホームページから見ることができます。開示された資料のうちの一部は、プライバシー保護等を理由に黒塗りをされていることがあります。

審査請求も棄却された場合には、労働保険審査会に対し、再審査請求をすることができます。再審査請求手続は、原則として審査請求を棄却する決定書の謄本が送達された日の翌日から六〇日以内に行う必要があります。

再審査請求をすると、後日、労基署の収集した資料が白い冊子になって届きます。この冊子は原則として黒塗りがされておらず、ほぼ全てを見ることができます。再審査請求手続は、三人の審査員による合議体で判断され、三人の面前で口頭で意見を述べることができます。

審査請求及び再審査請求の手続は、請求から結論まで、それぞれ半年から一年程度かかるの

被災者(遺族)
↓ 労災申請
(期間)療養・休業・介護・葬祭料は2年
障害・遺族補償給付は5年

労働基準監督署
↓ 審査請求
(期間)業務外決定を知った日の翌日から60日以内

労働者災害補償保険審査官
↓ 再審査請求
(期間)決定書の謄本が送達された日の翌日から60日以内(または審査請求をした日から3か月経過しても決定がないとき)

労働保険審査会
↓ 行政訴訟の提起
(期間)裁決を知った日の翌日から6か月以内
(または再審査請求をした日から3か月経過しても裁決がないとき)

地方裁判所
↓ 控訴
(期間)判決送達の翌日から14日以内

高等裁判所
↓ 上告(上告受理申立)
(期間)判決送達の翌日から14日以内

最高裁判所

図 3-2　被災者が民間労働者の場合の手続の流れ

が通常です。また、審査請求や再審査請求で結論が覆る可能性は、ごくわずかなのが実状です。したがって、一番初めの労基署段階で労災との認定を得ることが重要だといえます。もっとも、新しい証拠が出てきた場合や、通達が大きく改正された場合は、原処分が見直される可能性も高まるので、あきらめる必要はありません。

なお、審査請求をした日から三か月を経過しても決定がされないときは、決定を待たずに再審査請求をすることができます（労災保険法第三八条二項）。さらに、再審査請求をした日から三か月を経過しても裁決がされないときは、裁決を待たずに行政訴訟（後述）を提起できます（労災保険法第四〇条）。このような場合には、審査会の手続と並行して、行政訴訟が進行することになります。これらの手段は、早く再審査請求や行政訴訟を進めたい場合に、活用できます(図3-2)。

行政訴訟

再審査請求が棄却された場合は、被告を国とし、遺族補償給付等の不支給決定処分の取消を求める行政訴訟を提起することができます。この行政訴訟は、原則として請求棄却の裁決があったことを知った日の翌日から六か月以内に行う必要があります。また、再審査請求をした日から三か月を経過しても裁決がされないときは、裁決を待たずに行政訴訟を提起することもできます。提訴先の裁判所は、労基署の所在地を管轄する地方裁判所か、または、東京地方裁判所となります。全国どこで発生した事件でも、東京地裁に提訴することが可能です。

行政訴訟を提起してから第一審判決までは、約二年程度かかるのが現状です。控訴審まで続く場合はさらに約一年程度、上告審まで続く場合にはさらに約半年から二年程度かかります。

行政訴訟の判決では、審査請求や再審査請求の手続よりも、結論が覆る可能性が高くなります。行政訴訟が始まるとまず、被告(国)に対し、労基署が収集した資料一式を全て証拠として提出するよう、求めてください。労基署が収集した資料や、聴取した関係者の証言の中には、業務の過重性を示す多くの事実が隠れていることがあります。これらの事実を労基署が正当に評価しなかったことを批判し、裁判官に対して業務の過重性を認めるよう、強く主張していく必要があります。

また、裁判所は、厚生労働省がつくった認定基準に必ずしも拘束されません。行政訴訟では認定基準のみにとらわれることなく、労働者が置かれた個別・具体的な状況を一つ一つ積み上げて、総合的に立証していく作業が重要です。

業務の過重性を証明する証拠が不十分であれば、あらたに収集する必要があります。証拠の多くを会社が保管しており会社が提出しそうにない場合は、裁判で文書送付嘱託(裁判所が会社や関係組織などに対し文書の写しを提出するように要請する手続)を申し立てることも検討してください。時間の経過とともに、状況は変化していますので、退職した同僚などが証人として証言してくれることもあります。あきらめずに、あらたな証拠の収集と、すでに収集した証拠の分析をし直すことが重要です。

裁判では、業務と死亡との因果関係を証明するために、医学的な知見が必要となることもあります。主治医や専門の医師に相談し、必要に応じて、意見書の作成や裁判での証言を要請することも検討してください。

(7) 公務災害申請

Q　公務員の場合には、どのように手続を行えばよいのでしょうか？

A　地方公務員であれば、各都道府県に置かれている地方公務員災害補償基金支部長に対し、公務災害認定請求書を提出して行います。国家公務員であれば、各府省の補償実施機関に対し、公務上の認定を求めることになります。

手続の概要

地方公務員の場合は、各都道府県に置かれている地方公務員災害補償基金(地公災)支部長に対し、公務災害認定請求書を提出して行います。公務外の認定に不服がある場合は、公務外決定を知った日の翌日から六〇日以内に各都道府県に置かれている地公災支部審査会に審査請求ができます(行政不服審査法第一四条)。ここでも公務外とされた場合は、支部審査会の裁決書が届いた日の翌日から三〇日以内に東京にある地公災審査会に再審査請求ができます(同法第五三

表 3-3　脳疾患，心疾患，精神疾患の公務上認定件数（件）

年度	A 地方公務員			B 国家公務員		
	脳疾患	心疾患	精神疾患	脳疾患	心疾患	精神疾患
1988	20(9)	12(10)	0(0)	7(3)	5(4)	
1989	15(7)	17(16)	1(1)	6(4)	6(6)	
1990	21(8)	11(11)	0(0)	2(1)	2(2)	
1991	15(10)	11(8)	2(2)	11(3)	4(3)	
1992	15(8)	14(13)	1(0)	6(2)	6(6)	
1993	12(3)	10(8)	0(0)	10(6)	7(7)	
1994	17(10)	13(11)	1(1)	6(1)	6(5)	
1995	25(12)	14(11)	2(1)	12(7)	5(5)	
1996	17(3)	21(19)	2(1)	8(2)	1(1)	0
1997	15(5)	16(13)	3(3)	6(1)	4(4)	3(2)
1998	14(7)	12(12)	1(1)	8(6)	3(2)	3(3)
1999	6(2)	9(9)	8(4)	1(1)	3(3)	5(5)
2000	9(4)	11(8)	6(4)	4(3)	4(3)	7(7)
2001	4(0)	6(4)	2(2)	2(1)	2(2)	5(4)
2002	12(4)	5(5)	3(1)	3(1)	3(3)	11(7)
2003	8(2)	6(6)	5(4)	5(2)	4(4)	9(6)
2004	11(7)	8(8)	6(2)	5(1)	3(2)	10(4)
2005	7(3)	6(6)	14(6)	8(2)	5(4)	9(3)
2006	12(4)	8(8)	12(6)	4(3)	0	9(6)
2007	6(1)	9(6)	14(11)	10(6)	5(3)	17(3)
2008	7(2)	3(2)	12(4)	3(1)	3(3)	3(1)
2009	2(1)	3(3)	8(2)	4(1)	0	5(2)
2010	8(1)	3(3)	11(4)	0	2(2)	5(3)
2011	16(6)	4(3)	12(4)	3	0	11(4)
2012	14(3)	7(3)	22(4)	4(1)	3(2)	6

（注 1）（　）は死亡事案に係る件数であり，内数である
（注 2）A 表は常勤地方公務員災害補償統計による
（注 3）B 表は国家公務員災害補償統計による

条)。民間の労災と異なり、再審査請求の期間が三〇日と短いので注意してください。再審査請求が棄却された場合は、六か月以内に行政訴訟を提起できること等は、労災の場合と同じです。

被災者(遺族)
↓ 「公務上」認定請求
(期間)療養・休業・介護・葬祭料は2年
障害・遺族補償給付は5年

地公災基金支部長
↓ 審査請求
(期間)公務外決定を知った日の翌日から
60日以内

地公災基金支部審査会
↓ 再審査請求
(期間)裁決書の謄本が送達された日の翌日から
30日以内(または審査請求から3か月経過しても決定がないとき)

地公災基金審査会
↓ 行政訴訟の提起
(期間)裁決を知った日の翌日から6か月以内
(または再審査請求から3か月経過しても裁決がないとき)

地方裁判所
↓ 控訴
(期間)判決送達の翌日から14日以内

高等裁判所
↓ 上告(上告受理申立て)
(期間)判決送達の翌日から14日以内

最高裁判所

図3-3　被災者が地方公務員の場合の手続の流れ

国家公務員の場合は、各府省の補償実施機関(各府省及び外局)に対し、公務上の認定を求めることになります。公務外の認定に不服がある場合は、人事院に対し審査の申立てができます。国家公務員については、実施機関が補償を受けるべき者に対して補償を請求する権利を有する旨の通知をしたときから、時効が進行するので、この通知を受け取っていなければ、いつでも請求できる仕組みになっています（国家公務員災害補償法第二八条）。また、国家公務員の場合は、はじめから裁判所に対して認定を求める訴訟を提起することもできます。

実状として、とくに地方公務員の場合は、申請してから最初の結論が出るまで二年以上もかかることが度々あり、問題となっています。

また、脳・心臓疾患、精神障害・自殺に関する地方公務員や国家公務員の公務上災害認定件数（表3-3）は、民間労働者の労災認定件数と比較して、少ないといえます。地方公務員災害補償基金（地公災）や人事院の発表によれば、公務上災害の認定件数は、毎年度数十件程度で推移しています。

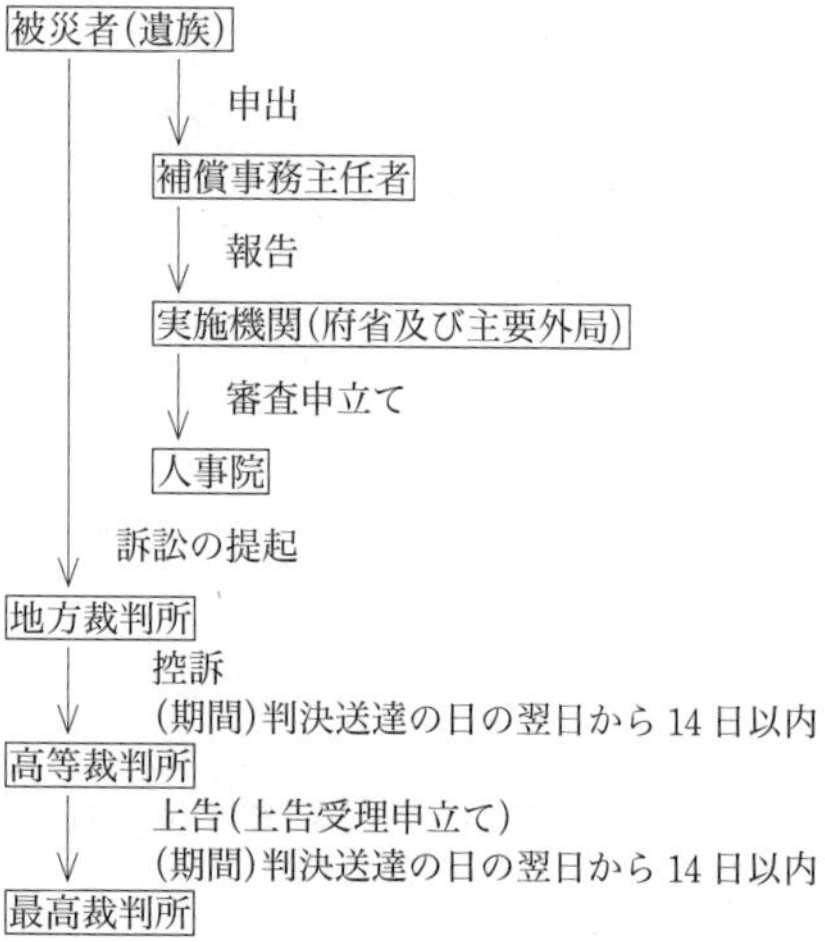

図3-4　被災者が国家公務員の場合の手続の流れ

公務災害の申請手続は、民間労働者の労災申請手続と比べて複雑です（図3-3、図3-4）。そのため、公務災害申請をあきらめてしまう人が多いのが実状ですが、専門家に相談するなどして、補償を受ける権利を行使することが大切です。

公務災害の認定基準

公務員についても、民間労働者と同様に、公務災害の認定基準がつくられています。業務の過重性の考え方については、おおむね共通していますが、一部異なる点があるので注意が必要です。たとえば、民間労働者の場合、時間外労働時間は月ごとの時間数を問題にしますが、地方公務員の場合は週ごとの時間数を問題にしています。また、精神障害や自殺に関する業務上の出来事の心理的負荷の評価の仕方などについて、異なっている部分があります。

行政訴訟になると、裁判所の判断基準と、公務災害の認定基準は異なっていますので、裁判所は、地公災や人事院の認定基準に必ずしも拘束されません。裁判所は、民間労災と公務災害とで、業務（公務）の過重性の考え方を区別する立場はとっていません。公務外と判断された場合でも、裁判所では結論が覆ることがよくあります。

(8)企業による補償

Q　夫が過労で亡くなった場合、企業からどのような補償を受け取ることができるのでしょうか？

A　企業による補償には、業務上の死亡(労災)か否かを問わずに支払われる金銭のほかに、①業務上の死亡の場合に支払われる会社規程の補償金、②企業に損害賠償責任がある場合に支払われる賠償金の、二種類があります。

二種類の企業補償

従業員が亡くなった場合、業務上の死亡か否かを問わずに、企業から弔慰金、見舞金等が支払われることがあります。

そして、業務上の死亡の場合には、つぎの二種類の補償があります。

第一に、労災によって従業員が死亡または負傷した場合に、退職金を増額したり、また企業がいわゆる「上積み補償」として、一定の補償金を支払うことを定めていることがあります。

この規程があれば、労基署が労災認定を行うと、通常、会社から規程に基づく補償金が支払われます。民間の統計によると、近時の「上積み補償」規程では、亡くなった従業員に扶養者がいる場合は、約三〇〇〇万円の遺族補償金が支払われるのが通例です。企業はこのような場合に備えて、民間の労災総合保険に加入していることもあります。企業が「上積み補償」規程の存在を隠していることもあるので、労災補償に関わる規程は必ず全て見せてもらうようにしてください。

第二に、従業員の死亡または負傷について民法上の使用者責任が認められる場合には、企業から損害賠償を受けることができます。ただし、労基署が労災認定を出したからと言って当然に、企業の損害賠償責任が認められるわけではありません。労災認定が出された事案でも、裁判所で企業の損害賠償責任が否定されているケースがあります。

企業が労働者に対して負う安全配慮義務(注意義務)に違反したことが、企業の損害賠償責任の要件となります。

企業に損害賠償を求めるときには、まずは裁判外で企業と任意の交渉を行うことが通常です。企業が任意の交渉に応じない場合や、企業が任意の交渉に応じないことがあらかじめ予想できる場合、企業との任意の交渉が決裂した場合は、企業に対する損害賠償請求訴訟を裁判所に提起することになります。

通常の訴訟以外に、民事調停手続(簡易裁判所で裁判官・調停委員の指揮のもとで進められる話し合い)や労働審判手続(労働事案に関する裁判所での特別の短期集中型審判)を利用することも考えられますが、いずれにも強い強制力がないため、一般に、過労死に関しては損害賠償請求訴訟が行われています。

安全配慮義務違反

使用者は、労働者の業務の遂行に伴う疲労や心理的負荷等が過度に蓄積して労働者の心身の健康を損なうことがないよう注意する義務を負っています(電通社員自殺事件・最高裁二〇〇〇年三月二四日判決)。また、労働契約法第五条は、「使用者は、労働契約に伴い、労働者がその生命、身体等の安全を確保しつつ労働することができるよう、必要な配慮をするものとする」と規定しています。

したがって、使用者が労働者に対して負っている、このような安全配慮義務(注意義務)に違反すると、企業の損害賠償責任が発生することになります。

たとえば、業務量の調整を怠り長時間労働に従事させた場合、健康診断を実施せず健康管理を怠っていた場合、上司によるパワハラを放置していた場合などは、企業の安全配慮義務違反（注意義務違反）が認められることになります。

使用者は、労働者の労働時間をタイムカード等によって客観的に管理する義務を負っています。また、使用者が労働者の過重な労働の実態を認識し得たのであれば、使用者は労働者の業務を軽減させる措置を採るなどし、労働者の疲労が蓄積することがないよう配慮しなければいけません。厚生労働省は「過重労働による健康障害を防止するため事業者が講ずべき措置等」という通達を出し、一か月当たり四五時間を超える時間外労働は労働者の疲労を蓄積させ、健康に悪いという見解を出し、労働者の時間外労働を一か月当たり四五時間以下とするように指示しています。

さらに、使用者は労働者に健康診断を受診させ、異常所見があった者については、医師の意見を聴取したうえで、就業場所を変更したり、労働時間を短縮させるなどの措置を採る義務があります。

その他、職種に応じた規制もあり、たとえば医師については当直の回数を制限した通達や、トラック運転手については拘束時間を制限する基準などがあります。

したがって、企業がこれらの責任を果たしていないのであれば、安全配慮義務（注意義務）違反があったといえます。

上司が部下にハラスメントを行った結果、部下が病気になったり死亡に至った場合には、使用者である企業は、原則として死亡に対する損害賠償責任を負います。

なお、公務員の場合も、地方公共団体や国は安全配慮義務(注意義務)を負っています。地方公共団体や国がこの義務に違反している場合には、公務災害による補償とは別に、損害賠償請求をすることができます。

損害の内容

過労死や過労自殺による「損害」の具体的内容としては、逸失利益、慰謝料、葬祭料などが挙げられます。過労によって亡くなった方の損害を金銭に換算することは、本来とても難しいことです。一般に労災の場合も、交通事故とほぼ同様の計算を行い、損害額を算出しています。

逸失利益とは、過労死や過労自殺がなければ得られたであろう将来の収入の利益をさします。原則として、労働能力喪失期間(働くことができなかった期間)の基礎収入から中間利息と生活費を控除して算定します。基礎収入は、原則として現実収入額が基準となりますが、三〇歳未満の若年者については、現実収入額よりも賃金センサス(国が毎年発表している賃金統計)に基

表3-4　損害賠償額の具体例

死亡当時40歳，年収600万円，同居の妻と子1人のケース

〔逸失利益〕

生活費控除率は30％と想定する．

67歳まで勤務可能だったと仮定すると，27年間の新ホフマン係数は16.8045であり，ライプニッツ係数は14.6430．

計算式は，新ホフマン方式の場合には，

600万円×(1－0.3)×16.8045＝7057万8900円となる．

ライプニッツ方式の場合には，

600万円×(1－0.3)×14.6430＝6150万600円となる．

〔慰謝料〕

慰謝料は，死亡に対する労働者自身の精神的損害と，遺族固有の精神的損害の両者を請求することができます．死亡した労働者が家計収入の中心の場合は，労働者及び遺族の慰謝料の合計は，一般に2800万円程度になります(息子や娘が死亡した場合は，一般に2000万円〜2200万円程度になります)．

〔その他の損害〕

葬祭料，死亡までの治療費，付添看護費など．

〔弁護士費用〕

交渉や訴訟等で弁護士に依頼した場合は，企業に弁護士費用の一部を負担させることができます．一般に判決では，企業に負担させる弁護士費用としては，損害の5〜10％程度が認められます．

〔遅延損害金〕

通常，死亡日から年5％の遅延損害金(遅延利息)が発生します．

づく平均年収額のほうが上回る場合には、後者で計算するのが普通です。

中間利息控除とは、将来受け取るはずだった逸失利益を現時点でまとめて受領することに伴い、金銭の運用利益を考慮して損害金額を調整することです。計算方法としては、新ホフマン方式(単利計算)とライプニッツ方式(複利計算)という二つの計算方式がありますが、一般に裁判所では後者を使用しています(表3-4)。

生活費控除とは、生存していた場合に使ったであろう生活費を推

認して、これを控除することです。

受領済の労災保険金の一部控除

現在の裁判所の考え方では、遺族が労災保険金(年金等)をすでに受け取っている場合には、企業の損害賠償の金額を決めるにあたって、労災保険金の一部を控除することになります。このほか、労災保険金と企業の損害賠償との調整に関することがらが、労働者災害補償保険法(労災保険法)に定められています。ただし、慰謝料は、労災保険金と調整されることはありません。

詳しくは、専門家によく相談してください。

(9)会社に対する職場改善要求

Q　息子の死亡が労災と認定されましたが、会社では、相変わらず長時間労働が続いています。同じような犠牲者を出さないように、会社に対し職場の改善を求めたいのですが、どのようにすればよいでしょうか。

A　労災認定を出した労基署に対し、会社への指導を行うように要請することが重要です。また、会社に対する交渉によって、遺族の立場から職場改善の要求を行うことも大切です。

労基署に申告・告発

労基署には、労災保険を担当する労災課とは別に、監督課という部署があります。この監督課は、担当地域の事業所で労働基準法や労働安全衛生法の違反があれば、その違反状態を是正するように指導します。

労災と認定されるようなケースでは、ほとんどの場合、その職場には何らかの法律違反があります。とくに、労基法の三六協定(第一章第1節参照)に違反する長時間労働、サービス残業などの賃金不払い労働などが多数存在しています。

本来であれば、過労死が発生した場合には、企業自らただちに職場改善に着手すべきなのですが、なかなかそうはなっていません。したがって、労基署が企業に対する指導・監督権限を発揮するように、強く要請することが重要です。事情がある場合には、匿名で申告をすることも可能です。

あまりにも企業の対応が悪質な場合には、刑事告発(労基法違反等)を労基署あてに行い、処罰を求めるという手段もあり得ます。この場合には、労基署担当官が警察官の役割を果たして、最終的には検察官が刑事処分を決定することになります。

会社との交渉

また、最近では、過労死の遺族が、会社に対して直接交渉して職場の改善を求めることが多くなっています。長時間労働などの過重労働が死亡の原因となった場合には、遺族の立場から、就業規則や三六協定の見直し、休憩室や仮眠室等の労働環境の改善、うつ病・自殺などに関する社内研修の実施などを求めています。上司のハラスメントが原因となった場合には、パワハラ等に関する社内教育の徹底、適切な人事異動などの労務管理の実施を要求しています。

遺族は、労災で亡くなった人が語れなかった内容を代弁して、会社に意見を述べるという立場にあります。企業の中には、就業規則や三六協定などは、社内で決めることだから遺族からとやかく言われる筋合いではないと対応するところもあります。しかし、このような企業の対応の仕方は、不適切です。従業員の死亡という痛苦の教訓をもとに、経営者や人事担当者こそが先頭に立って社内改革に取り組むことが大切なのであり、企業は、遺族の訴えに謙虚に耳を傾けることが必要なのです。

3　労災行政を変えてきた遺族の活動

『ビルマの竪琴』

巨匠・市川崑監督の代表作に『ビルマの竪琴』(原作・竹山道雄、主演・三國連太郎、一九五六年)がある。二〇〇七年秋、私は、たまたま衛星放送でこの作品が放映され、数十年ぶりに観たのだが、視聴後も、主人公水島上等兵の姿と言葉が脳裏に焼きついて離れなかった。

終戦後、ビルマで生き残った日本兵たちが日本に戻ろうとする時に、水島は、山や川に放置された無数の日本兵の亡骸をそのままにして帰国することはできないと考える。そして、一人異国の地に僧侶となってとどまり、亡くなった無数の兵士たちを一人ひとり丁寧に埋葬しようと決意する。

この水島上等兵の心情は、過労死裁判を進めている遺族や弁護団の心情と相通ずるところがある。

一九八八年六月に「過労死一一〇番」の全国相談活動が始まってから、四半世紀が経過した。この二六年間は、過労死を否定する企業や行政の姿勢転換を迫る二六年であった。職場でサラリーマン・労働者が過労によって倒れ死亡しても、日本企業の多くは、その死亡を労災として認めず、死亡原因を個人的な事情に求めようとした。労基署も労災認定に消極的であった。このため、全国の遺族は裁判において故人(被災者)の労働実態と死亡原因を明確にしたいと考え、数多くの訴訟を提起してきた。

この過労死裁判は、ある意味では、故人を社会的に埋葬する手続といえる。会社の業務命令によって過重な業務に従事した結果、命を落としたのに、死亡原因を個人の責任に転嫁されたのでは、死者の名誉は傷つけられたままである。天寿を全うできずに死去した故人に対して、残された者の責任として、その死亡原因を的確に調査し、正しい評価を行うことが、生物的埋葬・宗教的埋葬とは別に、社会的行為として必要である。過労死の訴訟を続けている原告(遺族)の中には、「今、夫のお葬式を行っています」と明言する方もいる。そして、このいわば社会的埋葬は、より良い職場をつくっていくうえでも不可欠なことがらである。最近の職場の状況に即していえば、真にメンタルヘルスの向上を実現するためには、現に発生している自殺の原因分析をきちっと行うことが必要なのである。

『ビルマの竪琴』の時代とは異なり、今の日本社会では生物的埋葬・宗教的埋葬はほぼ行われているが、社会的埋葬は、過労死問題だけでなく、さまざまなケースで不十分といわざるを得ない。

過労死をめぐる訴訟は、いまや一般弁護士向けの実務書に訴状記載例が書かれるほどに「普通の訴訟」となってきている。それだけに、過労死裁判がもつ意義について、今後も問いつづけることが必要であると考える。

労災申請後一〇年を経てついに労災認定

二〇世紀末に至るまで、旧労働省は、過労自殺を労災と認めない姿勢を固く堅持してきた。このような行政の姿勢を変えた最も大きな力は、長きにわたる遺族のたたかいであった。

長野県飯田市に在住する飯島千恵子さんの夫、飯島盛さんは、長野県内の精密プレス部品製造会社の熟練工として働いていたが、長時間で過密な労働が続き、一九八五年一月、自ら命を絶った。当時三〇歳になったばかりで、三歳と一歳の子どもを残した。

千恵子さんは、夫の死は、業務による過労・ストレスが原因であると考え、一九八九年一一月に大町労基署に労災申請を行ったが、同労基署はなんと五年以上も結論を出さず、一九九五年一月に「業務外」の決定を出した。一九九七年一月、千恵子さんは長野地方裁判所に対して、この労基署の処分を取り消すことを求めて提訴したが、その陳述書のなかで、つぎのように訴えた。

幾多のできごとをのり越え、県南の飯田から大町まで片道二時間半を通うこと五〇回以上、吹雪で先の見えない冬の道を、真夏の炎天下をいくらかでもよい結果を求めて(労基署に)通いとおした七年間でした。労働省へもお願いに行きました。一四回、労働省前でもビラまきをしました。まさに、私にとってそれは激闘でした。気がつくと体重が一五キロ落ちていました。

しかし会社のためにただひたすら誠実に人の倍も働いて、働いて、働き抜いて死んだ夫に対しての判断は、先に結論ありきで、はなはだ不本意かつ納得できるものではありません。

ましてやその結論の通知はハガキ一枚ですまされ、理由について聞きたければ、労基署まで来いというものでした。出向くと理由を書いた文書は渡せない、コピーもさせない、読み上げるので聞き取って書き写せとの高姿勢で、屈従せざるをえませんでした。行政の中立・公平というのはこういうものかと骨の髄まで感じさせられました。あれでは、夫は使い捨てられた雑巾のようで哀れでなりません。

二度にわたって行政手続において願いを聞いてもらえなかったことから、母子三人冷たくどん底に落とされて救いあげてもらえないと、裁判しても同じではないかと感じた時期が長く続きました。しかし、夫の死を業務上認定していただくことが、夫を会社から家族のもとへ取り戻すことだと信じ、それが遺された私の使命だと考えます。いまのままでは、夫はいまだに会社に捕らわれてしまっているようでなりません。一日も早く夫を家族のもとへ返してください。そして、お父さんの残業がなくなって早く家へ帰ってきますようにと祈ったかつての我が家のような家庭があってはならないと、血の通った社会通念に反することのない温かな判断をいただけますよう心よりお願い申し上げます。

千恵子さんの訴えが裁判官に通じて、一九九九年三月、長野地裁は飯島盛さんの死亡を労災と認める判決を下した。そして、国が控訴せず確定した。

4　労災行政の今後の課題

二〇一一年認定基準

二〇一一年一二月、厚生労働省は、精神障害・自殺に関する新しい労災認定基準(以下、二〇一一年認定基準という)を作り、同基準に沿って判断するように、全国の労基署に指示した。

二〇一一年認定基準は、一九九九年の「心理的負荷による精神障害等に係る業務上外の判断指針について」(以下、判断指針という)で挙げた積極的な三点、すなわち、

①ＩＣＤ-10(ＷＨＯの疾病分類)による精神障害を労災補償の対象とする取扱いを採用すること、

②「業務上」の精神障害に罹患していた被災者が自殺した場合は、原則として精神障害により「正常の認識、行為選択能力が著しく阻害され、又は自殺行為を思いとどまる精神的な抑制力が著しく阻害されている状態で自殺が行われた」と推定して、業務上災害と認定すること、

③遺書の表現、内容、作成等を業務起因性の積極的な資料として評価すること、

に関しては、そのまま踏襲した。

そして、二〇一一年認定基準は、「業務による心理的負荷評価表」を詳しいものに作り直し

た(巻末資料参照)。

二〇一一年認定基準に関しては、つぎのような論争点があり、今後、より改善した基準にしていくことが求められている。

脳・心臓疾患との相違

第一に、時間外労働の負荷について、脳・心臓疾患の認定基準と比較して、高いハードルを設定しており、いわゆるダブルスタンダード(二重基準)となっている。すなわち、二〇一一年認定基準では、業務上認定の要件として、月一六〇時間の時間外労働や連続した月一二〇時間の時間外労働といった超長時間労働を設定している。そして、月八〇時間以上の時間外労働は、「中」程度の負荷と評価され、強い心理的負荷ではないとされる。この結果、同じ労働者が月八〇時間の時間外労働の結果心臓疾患を発症した場合には、労災と判断され、同じ時間働いてうつ病を発病しても、労災とは判断されない。

もっとも、労基署段階での実際の運用状況を見ると、時間外労働が一二〇〜一六〇時間ではなくとも、たとえば、仕事量が著しく増加して時間外労働が倍以上に増加して、一か月当たりおおむね一〇〇時間以上となった場合には、心理的負荷評価表の「仕事内容・仕事量の(大きな)変化を生じさせる出来事があった」の「強」に該当するとし、業務上決定(労災認定)を行うことが多い。全体として精神障害・自殺事案では、時間外労働に関して、おおむね一〇〇時間程度を立証できる場合には、他の要素と結合させて労災と判断するケースが多いと思われる。

とはいえ、脳・心臓疾患と精神障害の場合で、過重性の判断基準が異なるというのは、いかにも分かりにくく、かつ、合理的根拠に乏しいものである。したがって、速やかに、統一的な基準に改正すべきであり、当面は、脳・心臓疾患の基準に合わせるのが相当である。

ハラスメント

第二に、二〇一一年認定基準は、セクハラに関連する事案では、積極的に労災と認める方向を鮮明にし、また、いわゆるパワハラに関しても、セクハラに対する評価ほどではないが、暴行はいうまでもなく、上司などからひどい嫌がらせ、いじめを受けた場合には、その心理的負荷を重視する方向を明確にした。

しかしながら、セクハラに比べて、パワハラを受けたことによる精神障害発病が労災と認められる割合は少ない。その理由としては、密室でなされたパワハラの場合、ハラスメントの事実やそのひどさを被災者側が立証することが容易でないことが挙げられる。また、上司による部下に対する指導という名目で、暴言等が許容される雰囲気が職場に根強く残っており、認定基準は、そうした風潮に押されて、パワハラによる心理的負荷を過小に評価している面が見られる。

欧州では、セクハラだけでなく職場のハラスメント全体を規制する立法等が、一九九〇年代後半以降各国で制定されてきたが、日本では、セクハラに関しては立法による規制が出来ているが、パワハラに関しては法律上の独自の規制が行われていない。今後、こうした予防のための規制と労災認定基準の両面で、ハラスメントに対する立法・行政面での取り組みが求められている。

複数の負荷がある場合

第三に、業務上の出来事が複数ある場合、二〇一一年認定基準は、これらを全体的に評価して、負荷が強いかどうかを判断するという立場を明確にして、判断指針を改正した。この結果、心理的負荷評価表の「中」程度の負荷が複数あれば、総合的に考慮して、「強」程度の負荷と評価する可能性があることを明示した。ごく常識的な内容とはいえ、判断指針からの重要な前進である。

しかしながら、実際の運用段階では、「中」程度の負荷が二つ以上あっても、総合評価が依然として「中」程度の負荷と判断されている例も多い。

業務上の出来事が複数ある場合には、原則として労災と判断する方向に改正すべきである。

負荷評価の対象期間

第四に、対象期間として、おおむね発病前六か月の間としているが、実際の事案を見ると、もっと長期間の過労・ストレスが発病の原因と思われる事案が多い。一九九九年判断指針策定の際に専門検討会の座長を務めた原田憲一氏(当時東京大学教授)も、「発病前どれ位まで遡《さかのぼ》ってストレスを取り上げるかについて明確な決まりはないが、六カ月ないし一年間を問題にすることが普通である」と述べている(原田憲一「精神に関わる労災認定の考え方と実際上の問題点」『精神科治療学』二〇〇七年一月号所収)。第一章第7節の外科医の事案で、判決は、発病(自殺前一か月)に至る約二年半の間の過重労働を考慮して業務上の判断を行っている。

しかしながら、労基署による認定基準の運用では、たとえ重要な心理的負荷の出来事があっても、それが発病の六か月以上前のことであるとの理由で、発病の原因から完全に排斥されることが少なくない。

少なくとも発病前一年間程度の業務上の出来事、心理的負荷について調査のうえ、労災か否かを判断するのが相当であり。事案によっては数年間の出来事について検討することも必要である。

発病後の負荷による悪化

第五に、自殺の事案では、うつ病を発病した後にも過重な労働やハラスメントが続き、その結果うつ病が悪化して自殺に至るというケースが少なくない。このような事例の取り扱いについて、二〇一一年認定基準は、概略つぎのように定めている。

① 業務以外の原因や業務による弱い(「強」と評価できない)心理的負荷により発病して精神障害が悪化した場合には、悪化の前に業務上の強い心理的負荷があっても、ただちにその悪化を業務上とは認定しない。

② ただし、前記の「特別な出来事」(例として時間外労働一六〇時間以上)があり、その後に著しく悪化した場合には、業務上の疾病として取り扱う。

この内容は、事実上、精神障害発病後に業務上の負荷により悪化しても、ごく例外を除き、ほとんど労災と認定しないといっているに等しい。脳・心臓疾患の場合には、基礎疾患があっても業務上の過重負荷が加わって死亡したり重度障害に至った場合には、労災と認定されるのに、うつ病の患者に業務上の過重負荷が加わって死亡したり重度障害になっても、労災と認定しないのは、はなはだ不合理である。

また、この二〇一一年認定基準の論理は、精神障害発病前に認定基準のいう「中」の負荷があって、発病後に認定基準のいう「中」「強」の負荷があっても、発病前後の負荷を総合的に判断しないということであり、前述した複数項目の総合評価原則とも矛盾している。

東京高裁判決(二〇一三年五月三〇日)は、脳・心臓疾患事例との比較検討をしたうえで、精神障害発病後悪化の事例の取り扱いに関して、二〇一一年認定基準を改正すべきである旨指摘している。

希死念慮が生じていない比較的軽い症状の精神疾患の患者に、強い業務上の負荷が加わって病気が悪化して自殺に至る場合も多いだけに、この問題は、自殺の労災認定にとって重要な論点となっている。合理的な内容に改正することが強く求められている。

同種労働者論と心理的負荷の程度

二〇一一年認定基準では、業務起因性の要件としての「強い心理的負荷が認められること」

とは、精神障害を発病した労働者が出来事を主観的にどう受けとめたかではなく、同種の労働者が一般的にどう受けとめるかという観点から評価されるものであり、同種の労働者とは、「職種、職場における立場や職責、年齢、経験等が類似している者」としている。

しかしながら、「同種労働者」を基準にするという場合、「職種、職場における立場や職責、年齢、経験等」をどこまで考慮するのかという問題に直面せざるを得ない。

ある男子学生が会社に入った後に、業務による過労や上司によるパワハラから精神障害を発病した場合を想定してみる。当該労働者の特性を挙げれば、性別、学歴、学校での知識技術取得の程度、入社後の研修内容、職場での地位、仕事の内容、職場環境、上司の特性、被災者の障害の有無など、その人固有の多様な特性がある。

同種労働者論を徹底すれば、被災者本人一人しか「同種」労働者はいないと思われる。したがって、本来、労災か否かの判断にあたっては、被災者本人にとって、当該業務が過重だったか否かを判断すれば足りるはずである。

二〇一一年認定基準の心理的負荷評価表は、多種多様な労働者を対象にした調査結果をもとに作られたものであり、労災認定の判断にあたっては、あくまで一つの参考資料として活用するのが相当である。

よほど多人数の職場で、どの労働者も、同じ年齢と経験で、同じ内容の仕事を、同じ時間だけ、同じ環境でやっており、上司も同じだったというケースがあり、そこでの心理的負荷と病気との関係を調査し、統計学的に分析したものが存在するとすれば、同種労働者にとっての心理的負荷評価表の作成が可能かもしれない。しかし、そのような想定はおよそ非現実的であり、実際存在していない。

にもかかわらず、現在は、心理的負荷評価表の強度分類に過剰な権威を与えて、ある出来事が「強」の負荷だったか、「中」の負荷だったか、「弱」の負荷だったかを形式的に評価して、業務上外判断までつき進んでいる。

労災認定手続きの判断にあたっては、被災者本人の事情を基準にして、業務と疾病との因果関係を判断するのが相当であり、今後、二〇一一年認定基準もこのような方向で見直すべきである。

第四章　過労自殺をなくすために

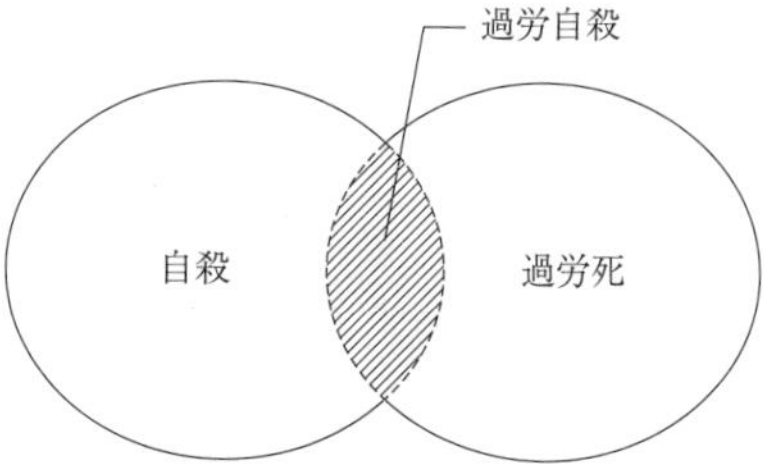

図4-1　過労自殺の領域

第一章と第二章では、過労自殺の実態ならびにその原因と特徴・背景・歴史を述べ、第三章では、過労自殺が発生してしまった場合に、それを労災として認定し、職場の教訓として生かしていくことの重要性を述べてきた。

この章では、過労自殺の予防のために大切なことがらを問題提起したいと思う。

過労自殺は、図4-1で示したように、過労死と自殺が重なる領域のことがらである。

したがって、その予防のためには、「過労」を解消していく視点からのアプローチと、「自殺」を予防していく視点からのアプローチの両方が必要になってくる。

まず、この「過労」を解消していく方策を、つぎに「自殺」そのものに対する防止策を考え、最後に本書全体のまとめの提起を行いたい。

1　職場に時間のゆとりを

時短論議はいずこへ

「豊かさやゆとりを実感でき、働きがい、生きがいのある生活を送ることができるようにすることは、もとより労働行政にとって重要な課題」(塚原労働大臣、一九九〇年七月)
「ゆとりと豊かさに満ちた「生活重視」型社会をめざして」(通産省諮問機関＝産業構造審議会小委員会報告、一九九〇年六月)
「国民が「豊かさ」を実感し、その生活を充実させる上で、長過ぎる労働時間の短縮は、緊急の課題である」(経済企画庁国民生活局、一九九〇年五月)
「豊かで潤いのある生活を具体化するために、時間的なゆとりが志向されるようになってきた。また日本の経済力に見合った労働時間にすることも不可欠である」(日本経済連合会経済調査部、一九九〇年一月)
「ゆとりを実現できる国民生活の実現に向けて」(東京商工会議所国民生活委員会、一九九〇

年四月)

一九八〇年代後半、日本経済が好調で「経済大国日本」が世界市場を席巻していった頃、日本の長時間労働に対して、海外からの批判が強まった。そうした中で、日本社会内部においても、「豊かさとは何か」が問われ、過労死が大きな社会問題となり、労働時間短縮(時短)は、前掲のように、政府や財界の一部を含めて国民的なスローガンとなった。旧労働省は八八年六月、「労働時間短縮推進計画——活力あるゆとり創造社会の実現をめざして」を発表し、年間実労働時間を一八〇〇時間に短縮することを目標に、時短の取り組みを強めることを内外に表明した。

だが、一九九〇年代前半にバブル経済が崩壊し日本経済が不況に陥るや、時短論議は急速に冷えていった。そして、長い間景気が低迷し、不良債権問題が解決せず、九〇年代後半にはついに大手証券会社や都市銀行までもが経営破綻・倒産する経済情勢になった。株価が下がり円安が進行し、「日本売りが始まった」という危機感が日々煽《あお》られ、経済局面を打破し世界的な大競争時代にいかに対処するかが、もっぱら日本社会の議論の対象となるに至った。

そして、このような議論の文脈から、従来の「硬直」した労働時間規制を見直し、「弾力的」

な労働法制にしようとの政策が経営者団体などから提起され、政府・旧労働省がこれを受けて、一九九七年六月には、女性の残業時間規制・深夜労働禁止の労働基準法(労基法)規定が完全に撤廃された。また、裁量労働制の対象職種の拡大など労働時間規制を緩和する方針が、経営者団体側から相次いで提起され、そのうち一部が実現されている。

加えて、派遣対象業種も拡大され、非正規雇用が増大し、正社員にとって、雇用不安は、単に失業するかどうかだけでなく、正規雇用の身分を維持できるかどうかも切実なテーマとなった。二〇〇八年には「リーマン・ショック」が発生し、「派遣切り」が全国規模で強行され、多くの労働者が職も住居も失う事態となった。

一時期、あれほどまでに強調された、時短やゆとりをめぐる議論はどこかへ行ってしまった。日本や企業の「生き残り」がキーワードとなり、職場には過労とストレスが充満することとなった。

こうした中で、一九九八年に自殺が激増し、以降一四年間も連続して三万人を超える自殺者数となり、日本は、「自殺大国」となってしまった。

第一章・第二章で見てきたように、過労死・過労自殺は、職場の長時間で過重な労働を基本的な背景として発生している。したがって、これをなくすためには、労働時間短縮をふたたび

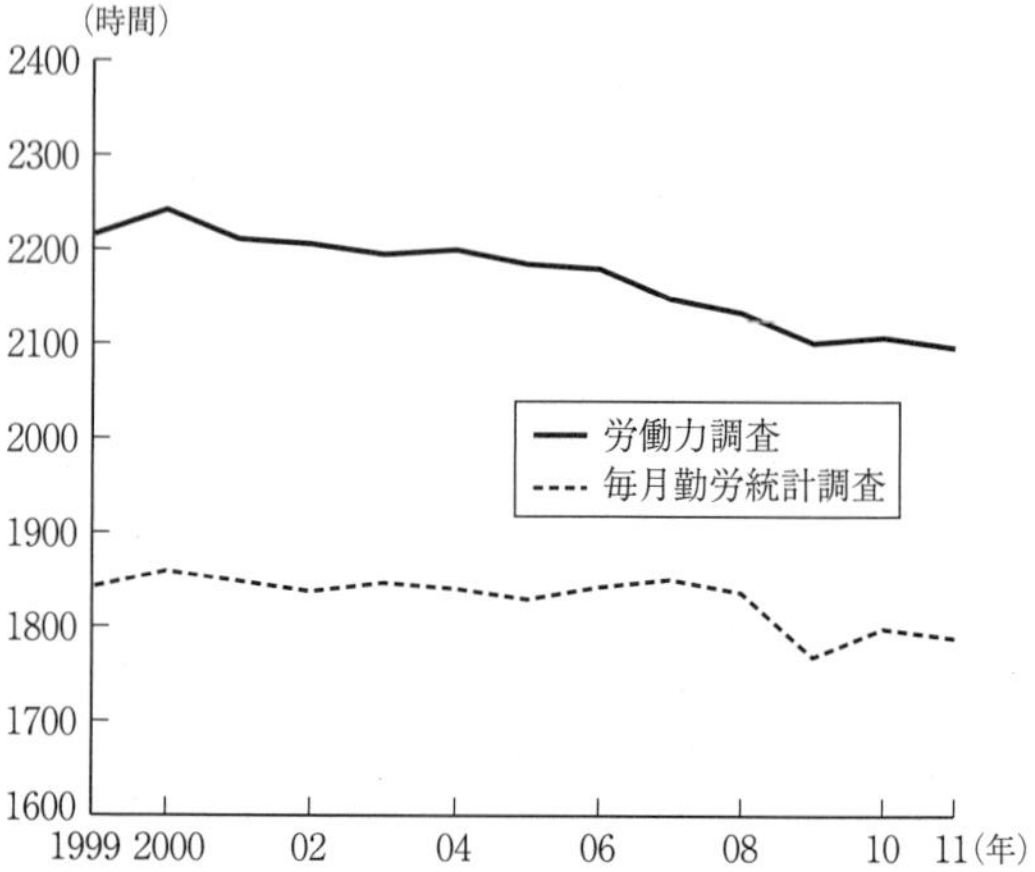

図4-2　年間総労働時間の推移と統計による差
(資料) 旧総務庁統計局・総務省「労働力調査」及び旧労働省・厚生労働省「毎月勤労統計調査」

社会的議論の表舞台に登場させなければならない。

約五〇〇〇万人が年間三〇〇〇時間以上働く

　政府統計の労働時間の推移は、図4-2、図4-3のとおりである。総務省「労働力調査」は、労働者個人からのアンケート結果に基づき作成されたものなので、サービス残業も含まれている。

　過労死の事件で被災者の年間労働時間を調査すると、三〇〇〇時間前後かそれ以上のケースがほとんどである。週休二日制の場合に祝祭日を考慮するとほぼ年間二五〇日勤務であるが、その場合一日一二時間労働を繰り返すことになる。一か月当たりに

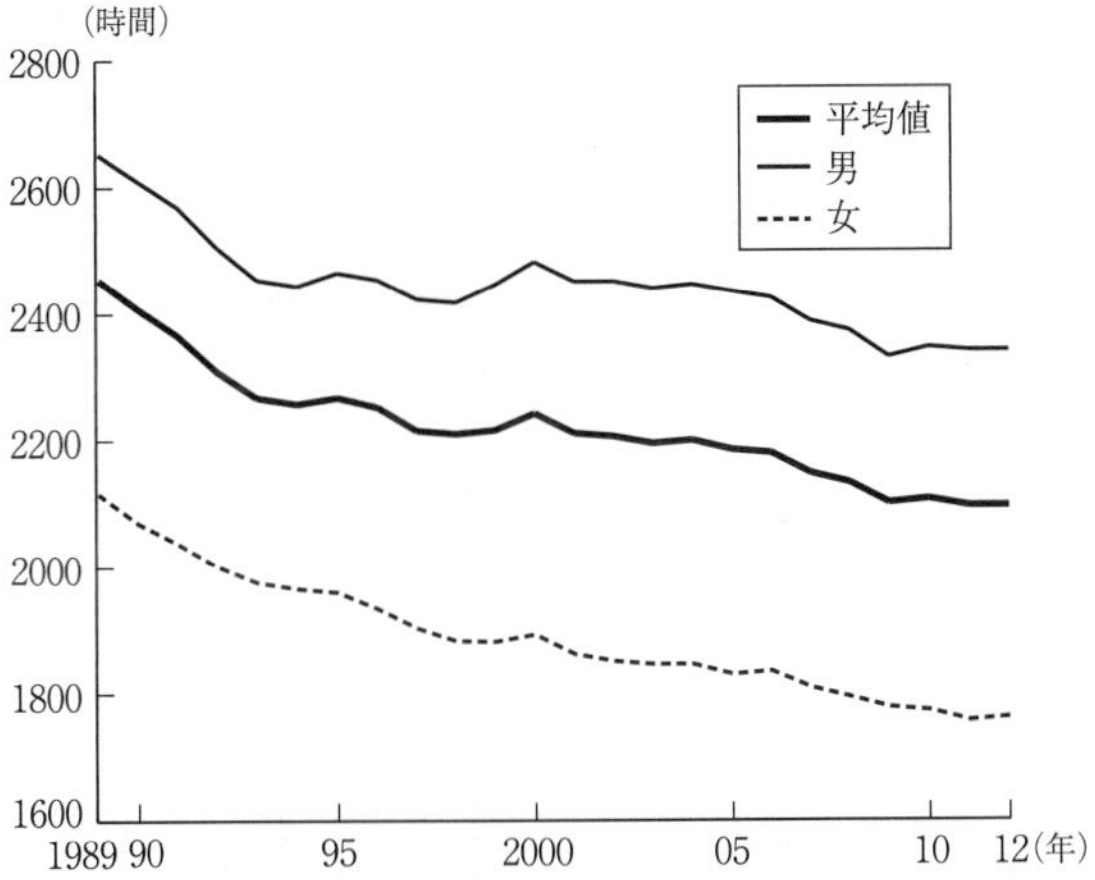

図 4-3　年間総労働時間の性別推移

(資料)「労働力調査」

置き換えると二五〇時間の労働だから、週休二日制で所定労働時間が八時間とすると、一か月の時間外労働が八〇～九〇時間前後となる。

年間三〇〇〇時間も働いている人は、日本で何人程度いるのだろうか。

労働力調査で、年間の週平均労働時間が六〇時間以上、年間三一二〇時間以上働いている、非農林業の男性労働者数(役員含む)の推移は図4-4のとおりであり、二〇一二年には四二二万人となっている。これは男性労働者総数の一三・五%である。また、年間の週平均労働時間が六〇時間以上、年間三一二〇時間以上の非農林業の女性労働者数は、二〇一二年には六八万人(女性労働者総数の二・

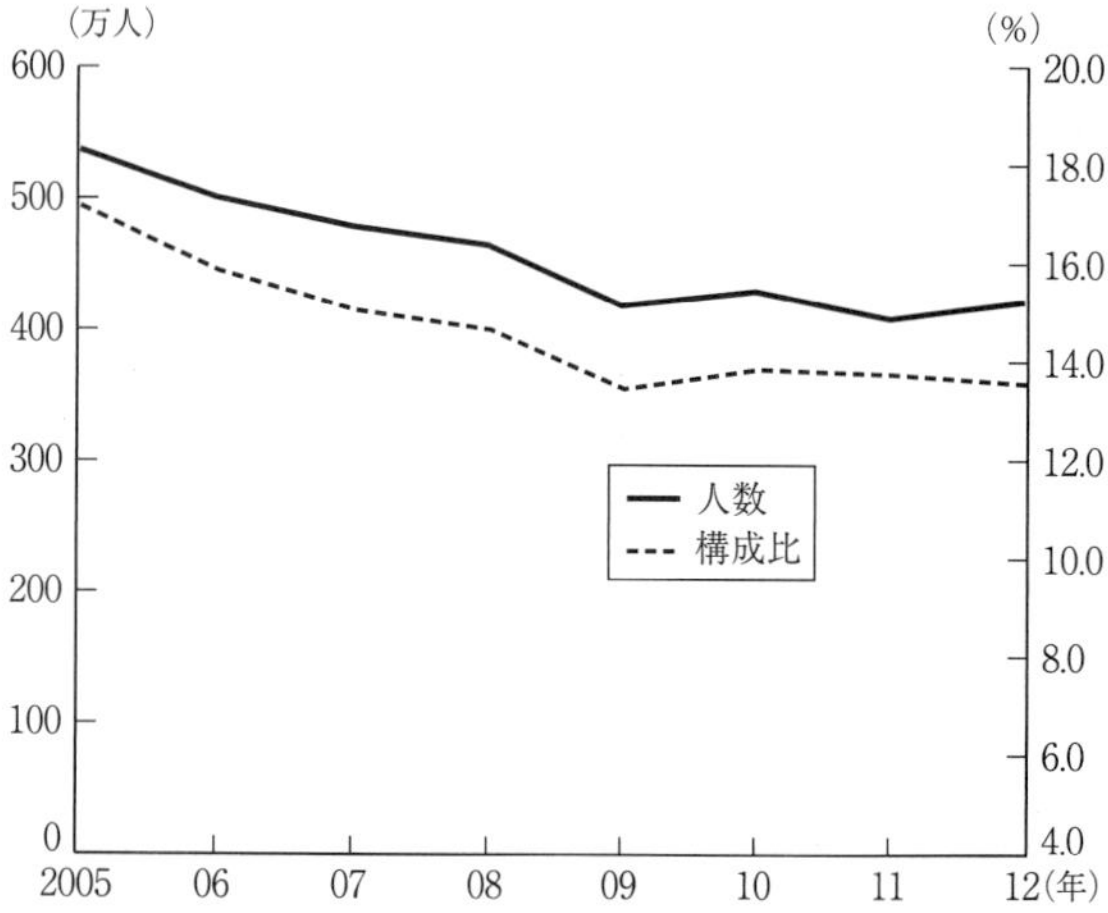

図 4-4　超長時間労働の非農林業・男性労働者数の推移

（資料）「労働力調査」

九％）である。この男女を合わせた四九〇万人（男女労働者総数の八・九％）は、「超長時間労働者」と呼ぶのが適切で、「過労死予備軍」を構成している（労働時間統計の分析については、森岡孝二著『過労死は何を告発しているか』（岩波現代文庫、二〇一三年）及び山本勲・黒田祥子著『労働時間の経済分析』（日本経済新聞出版社、二〇一四年）で詳細に述べられているので、参照されたい）。

深夜労働の増大

労働者への労働負荷という点では、労働時間の長短だけでなく、深夜労働や交替制労働の有無・頻度が重要な要素となる。日本では、職場のＯＡ化が進むにつれ二四時間稼働体制がひろがり、効率化のための交替制労働がひろがった。とくに大手製造業において一九九〇年代を通じて、交替制勤務を含む深夜労働が所定労働に組み込まれていった。また、経済・情報の国際化が進むなかで、従来はマスメディアなど一部に限られていた深夜労働が、「二四時間たたかえますか」という飲料メーカーの広告宣伝に合わせるかのように、多くの業種にひろがり、欧米の昼(日本の夜)に日本人が働くのが日常的になっていった。

「賃金労働時間制度等総合調査」(一九九五年〜九九年)ないし「就労条件総合調査」(二〇〇一年〜)の結果によれば、一九九六年に、所定内労働に深夜労働(夜一〇時〜朝五時)がある企業数割合は三一・三%で、従業員一〇〇〇人以上の大企業では、その割合は六〇・二%であった。そして、二〇〇五年には、所定内労働に深夜労働がある企業数割合は三二・一%(交替制勤務があるのが二二・七%)、で、従業員一〇〇〇人以上の大企業では、その割合は六二・五%(交替制勤務があるのが五一・二%)に達した(二〇〇六年以降は、同様の深夜労働に関する統計はとられていない)(表4-1)。

人間には、ほぼ一日を周期とした体内リズム(サーカディアン・リズム＝概日リズム)があり、日中には身体活動を活発にし、夜には活動を抑制する自律的な機能が備わっている。深夜労働・交替制不規則労働は、人類を太古の昔から支えてきた調整機能を攪乱《かくらん》し、心身のバランス

表 4-1　所定内深夜労働の内容別企業数割合

企業規模・産業	所定内深夜労働がある企業		交替制勤務の所定内深夜労働がある企業	
	1996 年	2005 年	1996 年	2005 年
計	31.3	32.1	17.5	22.7
1000 人以上	60.2	62.5	53.3	51.2
300〜999 人	47.8	48.2	36.8	40.7
100〜299 人	41.2	40.3	26.7	31.2
30〜99 人	25.7	27.2	11.6	17.5
鉱業	30.2	31.7	25	28.1
建設業	15.9	14.5	3.4	4.8
製造業	32.2	37	25	33.7
電気・ガス・熱供給・水道業	69.8	60.4	63.5	56.9
情報通信業	59.5	23.7	19.1	20
運輸業		60.9		30.5
卸売・小売業	18.6	18	6	6.4
金融・保険業	18.4	13.4	14.3	11.7
不動産業	24.4	27.1	14.5	25.1
飲食店・宿泊業	39.4	70.4	23.3	47.4
医療・福祉		35.7		29
教育・学習支援業		9.2		8.1
サービス業(他に分類されないもの)		27.6		23.4

(資料) 労働省「賃金労働時間制度等総合調査結果」及び厚生労働省「就労条件総合調査」
(注)「賃金労働時間制度等総合調査結果」と「就労条件総合調査」に基づき，著者が作成した

を破壊する危険性をもっている。

なかでも睡眠障害はうつ病に陥る重要な原因の一つである。過労自殺で死亡した人々を見ると、深夜に至る勤務を長い期間続け、睡眠不足に悩んでいたケースが大多数である。交替制勤務の工場で働き睡眠不足に悩み、自殺した労働者の事例も相当数にのぼっている。

三六協定の限界

日本の労働法制では、建前として一日八時間・週四〇時間労働を定め、企業がそれを超える労働をさせる場合には、あらかじめ労基法第三六条に定める労使協定(三六協定)を締結し、労基署に届け出ることとし、残業分については割増賃金を支払う仕組みとなっている。二〇〇八年の労基法改正によって、一〇年から、月六〇時間を超える時間外労働については、法定割増賃金率が二五％から五〇％に引き上げられた。

しかしながら、このような割増率の引き上げは、時間外労働の削減には結びついていない。その大きな理由は、もともと、月六〇時間前後にも及ぶ時間外労働は、その大部分がサービス残業になっているのが普通であり、企業は、割増率に関係なく残業賃金を支払っていないからである。

つぎに、三六協定自体に大きな限界がある。厚生労働省は、限度基準告示(一九九八年労働省告示)によって、三六協定による時間外労働の延長の限度を月四五時間、一年三六〇時間としているが、他方では、「特別の事情」があればこの限度を超えた時間外労働の協定も許されると定めている。加えて、建設業等にはこの告示が「適用除外」とされ、これら「適用除外」の職場では、時間外労働が全くの野放し状態となっている。

このように長時間労働が重層的に合法化されている結果、第一章第1節の事例のような、超長時間労働の職場が出現してしまうのである。

裁量労働制導入の危険性

また、「裁量労働・みなし労働制」の導入により、労働時間の配分を労働者の「自己決定」に委ねるとして、時間外労働に関する法律上の規制を適用しない職種が増えている。

この制度は、一部の職種(編集者、ディレクター、企画開発職など)に導入が認められているが、これらの業務に従事する労働者は、実際に働いた時間数にかかわらず一定の労働時間を働いたとみなされることになる。一九九七年七月、ある人気週刊誌の若い編集者が過労死で亡くなった。彼の場合には、連日夜中の二、三時まで働いていたのだが、一か月五〇時間をはるかに超える超過勤務をしても、裁量労働・みなし労働制により月五〇時間の超過勤務とみなされていた。

日本の財界は、この裁量労働・みなし労働制をホワイトカラー層全般に適用しようと考え、いわゆる「ホワイトカラー・エグゼンプション」の法制度導入をめざしている。そして、そのための宣伝文句として、労働の達成基準の評価を、「時間」に対して行うのでなく「成果」に対して行う時代になった、と語っている。現行の制度では、同じ成果を上げるのに、仕事のできない人ほど労働時間が長くなり賃金が増えるのは不公平だといった「理屈」も出される。

しかし、これらの主張には事実の誤認と論理のすりかえがある。

日本の職場では、実際にはいままでも労働者は「成果」で業務評価されており、その評価が昇給・昇格・ボーナス査定などで具体化されてきた。「ホワイトカラー・エグゼンプション」導入の目的は、「時間」から「成果」という名目で、「成果」を上げるために「時間」を際限なく使う労働を求めることにある。この制度は、労働者を際限ない長時間労働においやり、かつ残業代を払わないことを合法化するシステムで、利益追求のみから見ると一石二鳥の作戦のように見える。しかしながら、労働者にとっては、「成果」達成のために身を粉にし精神を擦り減らしていくことにならざるをえない。「ホワイトカラー・エグゼンプション」を早くから導入している米国では、最近、その適用範囲の縮小など、逆に残業規制強化が進められている(『週刊東洋経済』二〇一四年五月二四日号、肥田美佐子氏のレポート参照)。働く者の疲労が一層ひろがっていくことが、日本の企業の将来にとって何をもたらすのか。このことを裁量労働制推進論者に問いたい。

男女共通の労働時間規制を

一九九〇年代後半にいわゆる「女子保護規定」が撤廃された。この「改正」の大義名分は、女性にも労働の機会をひろげるということであるが、実際には、女性にも男性並みの長時間残業・深夜労働をもたらし、職場の過重労働を性別を超えてひろげてきた。第一章第3節のような女性の過労自殺は、このような背景の下で、二〇〇一年に発生した。

いま求められるべきなのは、労働時間規制の緩和ではなく、有効な規制を職場に行っていくことである。

そのために、まず、時間外労働・休日労働・深夜労働に関し、男女共通の絶対的規制を法律によって定めなければならない。絶対的規制とは、労使協定や労働契約でも超えることのできない限界を法律で定めることである。時間外労働・休日労働・深夜労働を生み出している原因は、日本社会の組織的構造的なことがらであり、したがって、社会政策としての労働規制が必要不可欠なのである。

インターバル規制の導入を

日本での規制を考えていくうえで、ＥＵ（欧州連合）の「労働時間編成指令」（一九九三年）が参考になる。同指令はＥＵ理事会で採択され、加盟国の国内法への導入を拘束するもので、加盟国は労働時間編成にあたり、同指令を最低基準としなければならない。

同指令では「勤務時間インターバル規制」を定め、「二四時間につき最低連続一一時間の休息時間」を義務化している。たとえば、夜一一時まで残業したとすると、翌日の勤務は、午前一〇時まで免除されることになり、仮に定時の始業時刻が九時であっても、定時どおり出勤しなくともよく、賃金カットも生じない。このようなインターバル規制の導入は、休息と睡眠時間を確保し、労働者の健康を守るうえで大変効果的な方法である。

戦後日本は、ＩＬＯ（国際労働機関）の労働時間規制に関する条約を批准《ひじゅん》せず、国際的な労働規制を受けずに長時間労働体制を定着させてきた。二一世紀に入った今日、このような姿勢を転換し、ＥＵ各国の教訓を学び、人間の理性に基づき、働き方の規制を実現していくことが求められている。

公務員の職場の改善を

民間労働者だけでなく、公務員の職場でも時間のゆとりがない。

「中央府省に働く国家公務員の第21回残業実態アンケートの結果について」(霞が関国家公務員労働組合共闘会議、二〇一三年九月)は、二〇一二年一月〜一二月の残業実態をつぎのように示している。

二〇一二年の月平均残業時間は三四・六時間で、月平均の残業時間が八〇時間以上の者が七・九%、一〇〇時間以上の者が四・〇%存在する。

国家公務員の場合は法定外労働時間を労使間で協定する権利がないため、残業が無制限になってしまう危険がある。人事院は、残業の実態を改善するため、時間外労働の上限の目安として年間三六〇時間(月平均三〇時間)を目標に指針を定めているが、この上限の目安時間を超えて残業をしている者が、半数近い四二・四%にのぼっている。

残業の要因としては、「業務量が多いため(定員不足)」が五六・九%で最も多く、ついで国家公務員独特の「国会待機のため」が二六・九%、「人員配置が不適切なため」が二六・八%となっている。

業務量に見合う職員が十分に配置されていないことが「霞が関」の長時間労働の大きな要因であるが、「国会待機」も重要な問題である。国会が開会中には、国会での質疑等のために多数の担当職員が長時間にわたり実務をこなさなければならない。国会では、前日になって質問通告が行われることが常態化しているが、このアンケート結果では、「質問の早期通告」によって事態を改善するよう求める声が多数出ている。本来、与野党の申合せ事項として、「前々日の正午までに質問の趣旨等について通告する」ことが「質問通告のルールの原則」となっており、アンケートを実施した労働組合は、このルールの原則を徹底させていくことが急務であると指摘している。

そして、同労組では、人事院の指針どおり、残業を年間三六〇時間(月三〇時間)にするためには、新たに八九七人の職員の雇用が必要であると試算している。国家公務員の職場においては、業務量の削減と人員増の両面から、具体的改善策を考案し実施していくことが必要である。公務員の人員増を主張することが絶対的にタブー視されるような現状は、正常ではない。行政の無駄を省くことと必要な人員を確保することはともに大切なことである。

また、公務員の労働に関する意識改革が、公務員の側でも国民の側でも必要となっている。

日本の国民の意識のなかには、公務員イコール全体の奉仕者という観念から、公務員が夜遅くまで働いても当然という発想がどこかにある。もとより、国民のために誠実に職務を遂行することを求めるのは当然であるが、公務員がその健康や文化的な生活を失ってまで国民のために尽くすことを求めるのはおかしい。

また、公務員自身に、社会的に意義ある仕事をしているのだから働き過ぎても仕方がない、との意識があるとすれば、そのような美徳観念を考え直す必要がある。もともと、官民を問わず、社会的に意義のある仕事か否かの区別は困難である。民間の仕事は利潤追求の仕事で、公務は意義のある仕事というような区分は一面的にすぎる。健康でゆとりある労働は、官民問わずすべての人々の共通の権利であり、共通の願いでなければならない。

2　職場に心のゆとりを

「がんばり」の限界

過労自殺に至った人は、課せられた業務目標がそのままでは達成できない状況に追い込まれていたことが多い。このような場合、その障害となっている壁が個人の努力だけでは越えがたいものであれば、会社は、人員増やコストアップ、あるいは納期の延長など計画の見直しをすべきであった。しかしながら、とくにバブル経済崩壊後の日本の職場では、コスト削減を追求し、もっぱら個人の「がんばり」に期待して問題を解決するのが当たり前のようになっている。この結果、労働者は、より過重な労働にのめりこむが、事態の改善をはかれず苦闘するという悪循環に陥り、精神的なストレスが一層増幅していくことになる。

自殺者が出た場合、周囲の人から「なにも一人で仕事の悩みを抱え込むことはなかったのに」という感想が出される。また「仕事が失敗してもいいから、もっと自分を大切にしていればよかったのに」という言葉も聞かれる。だが、明確にしなければならないのは、日本企業の労務政策は、労働者の際限ない「がんばり」を直接間接に強いることを基本にしてきたことである。

「殺されても放すな」

大手広告代理店電通の入社二年目の青年大嶋一郎氏が「常軌を逸した長時間労働」の結果過労自殺で亡くなった事件（『過労自殺』初版、第一章第3節参照）で、二〇〇〇年三月二四日最高裁判決は、会社側に全面的な損害賠償責任があると認定した。そして、同判決後の破棄差戻審した。
（東京高裁）で訴訟上の和解が成立し、電通側が遺族に謝罪のうえ多額の賠償金を支払って終了

電通には、「鬼十則」と呼ばれる有名な一〇項目の行動規範があり、長きにわたり、社員教育の中心に位置づけられてきた。これを信奉する人によって英語に翻訳され、海外にまで紹介されたこともある。この「鬼十則」の第5条に「取り組んだら「放すな」、殺されても放すな、目的完遂までは」という文句があり、私は遺族代理人として、この点について、最高裁の法廷でつぎのように弁論を行った。

「この目的完遂まではいのちを失っても業務を遂行せよ、という趣旨の会社の業務命令に従って、一郎君は、膨大な仕事量を何とかやり遂げようとして、過重な労働を続けることになったのです。

電通は、先日提出した最高裁への書面のなかで、この「鬼十則」は、「訓話として配布して以来、社員の行動規範として位置づけられるようになったが、今日にいたるまで強制力を伴って運用されたことはない」「一種の精神訓話ないし心がけを述べたにすぎない」と弁解しています。

「殺されても放すな」はもちろん一つのたとえでしょう。その言葉どおり強制したら殺人罪かその共犯です。私は、そのようなことを主張しているのではありません。問題は、まさに、このような精神主義を行動規範として位置づけ、業務上の心がけを説いてきた電通が、一郎君が亡くなるや、仕事がきついのなら休めばよかった、体調が悪いのなら休めばよかった、休まなかった本人に責任があるのだと主張していることなのです。このような会社の態度が許されるでしょうか」

失敗が許容される職場を

いのちを犠牲にしても仕事をやり遂げよ、との過激な表現で社員に目的達成を迫る労務管理が、将来ある青年のいのちを奪うこととなったにもかかわらず、第一章第3節の事例で述べたように、別の会社の支店長までが、わざわざ「鬼十則」のコピーを部下に配付して労務管理し、二〇〇一年に若い女性を死に追いやった。

このような過度な精神主義を強調する社風は、日本の企業にいまなお引き継がれているのである。

ギブアップは、日本の多くの職場では許されないのである。こうした職場の雰囲気の下では、いつまでたっても過労自殺はなくならないだろう。

職場に心のゆとりをもたらすためには、人員の面でも予算の面でも納期の面でも、もっとゆとりが必要である。また、仮に一人が失敗しても同僚なり上司なりがフォローできる体制にしておいて、失敗が許容される職場の雰囲気をつくりだすことが大切である。

義理を欠くことの大切さ

日本の労働者が死ぬほど働き過ぎに陥ってしまう一因として、同僚や上司、取引先などに配慮をし過ぎることが挙げられる。「今日自分が休んだら、同僚の○○に迷惑をかけてしまう」「この仕事ができなかったら、お世話になった上司の○○さんに申し訳ない」「この契約が成立しなかったら、取引先の○○さんに迷惑がかかる」などと考えてしまい、体調が悪いのに無理を重ねてしまうのである。

このような心情は、休むと自分への社内評価が落ちるという功利的なものとも、自分の仕事を完遂したいという自己信念からくるものとも異なり、他者との人間関係を配慮するヒューマンな気持ちから生ずるものである。この他者を慮《おもんぱか》る心情は、それ自体、社会生活をするうえで大切なことがらであり、このチームワーク精神は日本経済の発展を支えてきた源でもあった。

だが、他者への配慮は、往々にして、労働者が休息をとるべきときにも仕事にかりたてる動機づけとなってしまう。過労死で亡くなった事例の調査をすると、この日無理をせずに休んでいれば助かったかもしれない、と悔やまれるケースがたくさんある。だから、私は、「過労死をしない方法は」と聞かれたときには、「義理を欠くこと」を勧めることにしている。心を鬼にしてでも「義理を欠く」気持ちがないと過労死を防げないのが日本の職場の実態である。

こういうと、そのような個人の気持ちのもち方に問題を還元するのでは、職場の労務管理システムの矛盾を放置することにつながるとの批判的意見を受けることがある。このような意見に対しては、つぎの二点をもって回答としている。

一つは、人間のいのちと健康は、義理を守ることよりもはるかに尊い価値をもっていることを、私は強調しているのである。実は、この価値観のレベルで、日本には社会的な共通認識が必ずしも形成されていない。風邪をおしてまでもみんなのために仕事をしたことが高く評価される風潮が、企業内だけでなく、社会全体に根強く残っている。言葉としては「いのちと健康ほど尊いものはない」と誰もが言うが、実際の場面では、健康を第一に行動すると「自分勝手」との批判を受けてしまうことが多い。「義理を欠くこと」は、こうした社会意識を変えていく重要な実践である。

いま一つは、「義理を欠く」という行動を通じて、職場の中の矛盾を顕在化させ、職場改革への契機とすることができる。一人が大事なときに欠勤したことによって発生した職場の混乱は、義理を欠かれた側からの一時的反感を呼ぶかもしれない。だが、欠勤の真相を明らかにし、休息することの大切さ・緊急性を説明することによって、いかに人員と時間の余裕がない環境で仕事をしているのかを浮き彫りにすることができる。このことを通じて、もっとゆとりのある職場、いわば「義理を欠くことができる職場」をつくっていくステップにできるはずである。

失業をしてもやっていけるセイフティネットを

バブル経済崩壊後のリストラが続く職場の中で、多くの労働者が、解雇される不安を抱きながら仕事を続けている。

失業率は一九九八年から二〇一三年にかけて、およそ四~五%の間を推移し、中高年労働者だけでなく、若者の雇用もまたきびしい状況が続いている。九七年に山一證券をはじめとした大企業が相次ぎ倒産し、それ以降、企業の規模・業種・老若男女を問わず誰もが職場を追われる可能性のある時代になった。安全地帯がなくなったのである。

リストラによる中高年労働者の解雇は、日本の終身雇用制が崩れ始めたものといわれている

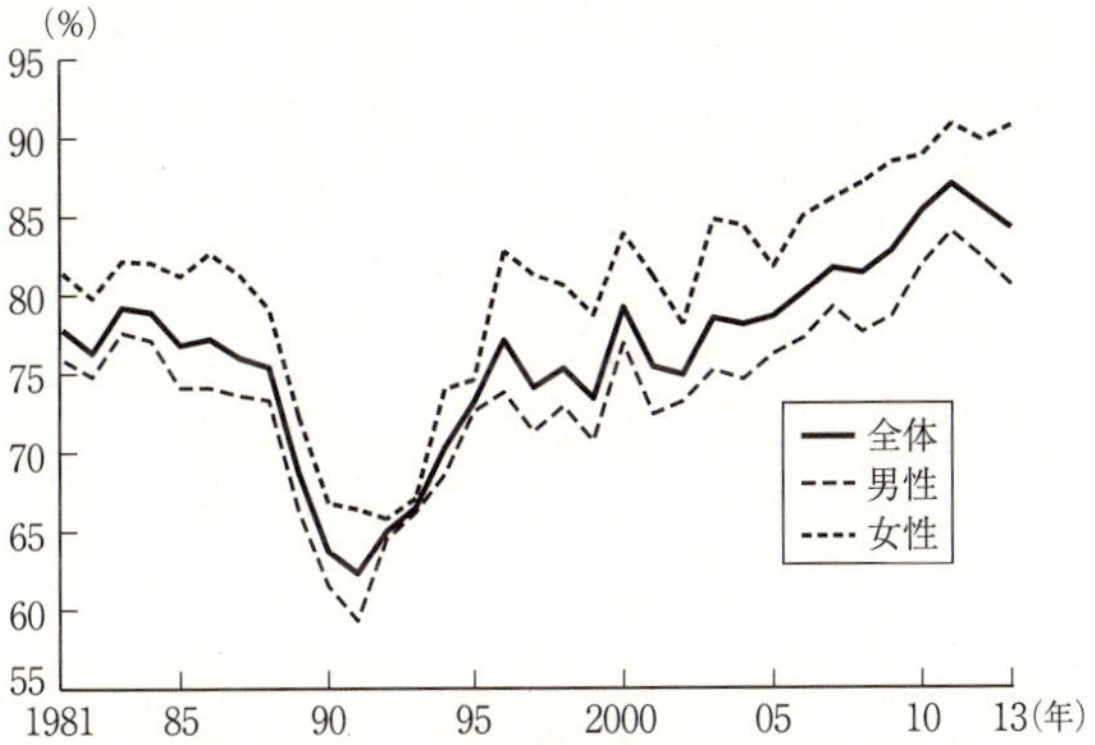

図 4-5　デートより残業を優先する新入社員の割合

(出典) 公益財団法人日本生産性本部・一般社団法人日本経済青年協議会発表「働くことの意識」調査結果

が、このことは労働者の企業への従属度を弱めることには必ずしもならず、むしろ逆に、強める方向に働いている。自らがリストラ解雇の対象にならないようにするため、以前にも増して企業に忠実に行動しているのが、大多数の労働者の現状ではないだろうか。

バブル経済の一時期には、二〇歳代、三〇歳代の労働者は、勤務先の会社が嫌なら自分の生き方を優先し転職するという傾向もあったが、きびしい雇用情勢になってからは、そのような余裕はなくなった。「デートよりも残業を優先する」と答える新入社員が増加しているのは、その端的な例である。公益財団法人日本生産性本部と一般社団法人日本経済青年協議会が毎年行っている、新入社員に対する「働くことの意識」調査によれば、

「デートの約束があったとき、残業を命じられたら、あなたはどうしますか」との問いに対して、「デートをやめて仕事をする」と答えた割合は図4-5のとおりである。一九八一年から八八年まで七〇%台だったのが、八九年から六〇%台になり、九一年には六二・三%まで数字が落ちた。だが、その後増加傾向を示し、九四年以降は再び七〇%台に戻り、〇六年以降は八〇%にのぼっている。一三年の女性の場合、九〇%台にまで達している。この推移は、経済・雇用情勢がきびしくなるにしたがい、青年労働者が会社に対する従属度を増していることを示している。

こうした労働者の企業への精神的従属は、過重な労働を生み、精神的ストレスを増大させ、ひいては過労自殺を生み出す源となっている。ある意味では、失業するよりも、失業しないようにと必死で企業にしがみつくほうが苦しいのであり、そこでの極度の心身の疲労が、労働者の健康を蝕《むしば》み、ついには死に追いやってしまうのである。

過労自殺にまで至った事例を調査すると、「そこまでして会社に残るために無理をしなくとも」と感ずることがある。日本の失業率は高くなったとはいえ、諸外国に比べればまだましなほうである。日本の場合には、失業者数・失業率自体よりも、失業の増大が労働者の心にもたらしている恐怖感のほうが、より深刻ともいえる。

このように日本の労働者が失業を恐れる背景には、失業による経済的な困難さがある。失業保険制度で、ある程度の生活保障が得られるとはいっても、ローンを抱えているような場合には、失業イコール自己破産というケースすら起こりうる。また、高齢者にとっては、いまの年金制度ではとても安心して老後を過ごせない。職場に残る者と去る者の経済的格差をもっと縮小し、公的機関による職業訓練制度を充実させるなど、失業者が路頭に迷うことのないような社会的なシステムを充実させることが、いま切実に求められている。競争社会の中では、セイフティネット（安全網）を充実させることが不可欠であるとの議論が日本でも行われるようになって久しいが、セイフティネットは、働く者の心にゆとりをもたらすという意味でも、全労働者のために必要なことがらなのである。

人々が失業を恐れる背景には、失業者を見る社会の目もある。日本では、失業者イコール人生の落伍者というイメージがつきまとい、そのような目で見られること自体がとても辛いことなのだ。定職を持っていない時期に、自宅周辺の住民の視線を気にして生活をしなければならない。もっと失業者が精神面でリラックスできるような社会環境をつくっていくことが、日本では求められている。

第二章第５節で述べたように、戦後日本の自殺率は、失業率の変化と連動して推移している。

このような相関関係が生まれているのは、単に失業者の生活苦だけでなく、失業率の増大が労働者全体に心理的プレッシャーを与えていることが原因となっている。今後とも、日本の雇用情勢が楽観を許さないだけに、失業問題が労働者に与える悪影響をできるかぎり小さくする社会的努力が大切である。

過重労働のグローバル化に歯止めを

これまで、過労自殺をなくすために、「失敗が許容される職場」「義理を欠いてもよい職場」「失業してもやっていける社会」が大切だと述べてきた。

これに対して、「そのような甘い考え方では、きびしい国際競争の時代に生き残れないのでは」と反論する人がいるかもしれない。だが私は、逆にグローバル経済の時代だからこそ、過労自殺が発生するような異常な職場、社会を改善することが強く求められていると思う。

経済のグローバル化は、もし人間の理性に基づく適切なコントロールがなければ、国際規模での、歯止めのない食うか食われるかの競争をもたらす。過重労働のグローバル化が進み、過労死・過労自殺が世界にひろがることになりかねない。現に東アジアを見ても、二一世紀に入り韓国で自殺者数が増大し、中国で労働者の自殺が相次いでいる。

それだけに、いまも世界有数の経済大国である日本で、労働者のいのちと健康が脅かされるような労働条件が続くことは、日本のみならず世界の職場に大きな悪影響をもたらすであろう。そして、その悪影響は日本に還流し、ますます日本の労働者自身の首をしめることになろう。逆に、日本でゆとりある職場を実現していく努力は、国際的にもおおいに歓迎され、長期的には世界各国での労働条件の改善に貢献することになるはずである。

3　適切な医学的援助・治療を

なぜ精神科治療を受けなかったか

第一章、第二章で述べたように、多くの過労自殺者は自殺当時にうつ病などの精神障害に罹患しており、自殺企図はそれが発現したものと推察できる。だが、他方で、「過労死一一〇番」への自殺相談事例(東京窓口)のうち、自殺前に精神科(心療内科を含む)での治療を受けていたケースは約二二%にすぎない。つまり、精神科医師による医学的治療を受けないままに死に至ったケースが多い。

精神科医山下格氏(北海道大学名誉教授)は、「諸報告によれば総合病院の内科の初診患者の五％前後はうつ病であるが、その多くは、①軽い身体疾患、②どこも悪いところはないので神経症、③いわゆる怠け病と誤診される」と指摘し、その理由として「(うつ病者が)ごくありふれた身体的訴えをもって一般診療医を訪れ、自分からは精神的苦痛を述べず、一見元気そうで表情・態度に問題を感じさせないからである。そのため十分な問診をせずに、主訴の身体的検査をすすめることが誤診につながりやすい」と述べている。そして、「最近でも精神科を受診するうつ病者の多くが、すでにいくつもの病院をまわり、ときには長期間入院して精密検査をうけているのが実状である。その過ちを防ぐために、医療関係者はもとより、福祉関係者、本人・家族も、うつ病について必要な知識をもつことが望まれる」と指摘している(山下格『精神医学ハンドブック――医学・保健・福祉の基礎知識(第7版)』日本評論社、二〇一〇年)。

職場における自殺予防マニュアル

厚生労働省は、自殺予防の観点から、それに必要な知識を普及する目的で、二〇〇一年一二月に、『職場における自殺の予防と対応』(厚生労働省編著、中央労働災害防止協会)というマニュアルを公表し、その後改訂、追加を行ってきた(以下引用文は、二〇〇七年一〇月改訂版より)。同委員会は、精神科医高橋祥友氏(当時防衛医科大学教授、現在筑波大学教授)などの専門家によっ

表 4-2　自殺予防の 10 箇条

次のようなサインを数多く認める場合は，自殺の危険が迫っています．早い段階で専門家に受診させてください．

1. うつ病の症状に気をつける
2. 原因不明の身体の不調が長引く
3. 酒量が増す
4. 安全や健康が保てない
5. 仕事の負担が急に増える，大きな失敗をする，職を失う
6. 職場や家庭でサポートが得られない
7. 本人にとって価値あるものを失う
8. 重症の身体の病気にかかる
9. 自殺を口にする
10. 自殺未遂に及ぶ

（出典）厚生労働省『職場における自殺の予防と対応』

て構成されている。

このマニュアルでは、自殺予防の一〇箇条として、「次のようなサインを数多く認める場合は、自殺の危険が迫っていますので、早い段階で専門家に受診させてください」として、表4－2を示している。

この一〇箇条の一番目に挙げられている「うつ病の症状」として、表4－3が示されている。

一〇箇条の四番目の「安全や健康が保てない」の説明として、「自殺は突然、何の前触れもなく起きるのではなく、それに先だって、安全や健康が保てなくなるといった行動の変化がしばしば出てきます」と指摘し、真面目な会社員が何の連絡もなく失踪してしまうといった行動の変化が自殺の前にあることが珍しくなく、「うつ病の人の失踪は、自殺の代理行為といってよい場合もあるので、まず本人の安全の確保に全力を尽くしたうえで、

表 4-3　うつ病の症状

自分で感じる症状

憂うつ，気分が重い，気分が沈む，悲しい，イライラする，元気がない，眠れない，集中力がない，好きなこともやりたくない，細かいことが気になる，大事なことを先送りにする，物事を悪いほうへ考える，決断が下せない，悪いことをしたように感じて自分を責める，死にたくなる

周りからみてわかる症状

表情が暗い，涙もろい，反応が遅い，落ち着きがない，飲酒量が増える

身体に出る症状

食欲がない，便秘がち，身体がだるい，疲れやすい，性欲がない，頭痛，動悸，胃の不快感，めまい，喉が渇く

（出典）表 4-2 に同じ

精神科医による診察を受けられるようにしてください」と述べている。

第一章第1節の工事監督者の場合には、三八日間にわたる連続勤務の後に無断欠勤したのであるが、会社がその後自殺予防の観点から必要な配慮を行ったとはいいがたい。

また、別の電機関連技術者の事案では、技術者が徹夜勤務明けの日に突然失踪し、一年以上経過後に富士の樹海で遺体となって発見されたのであるが、会社は、失踪後まもなく彼を懲戒解雇していた。遺体発見後に、遺族が労災申請を行い、労基署が長時間労働等を理由に労災と認定した。結局、会社は懲戒解雇を撤回し、通常の死亡退職扱いとした。失踪前の過重な労働状況等を考慮すれば過労自殺の可能性が十分想定されたのであるから、安易に無断欠勤→解雇として処理するの

ではなく、もっと別の対応を考えるべきであったと思う。

五番目の「仕事の負担が急に増える、大きな失敗をする、職を失う」の説明としては、「長時間労働になるほど過労死や過労自殺の危険性が高まります」「従業員が心身の疲弊をきたさないような労働条件を備えるとともに、不幸にして発病した場合には早期に適切な処置をとることを企業は求められています」と指摘している。また、「(仕事上の)大きな失敗をしたり、職を失ったりする場面に遭遇して、自己の存在価値を失い、急激に自殺の危険が高まること」などが説明されている。

このマニュアルが経営者や管理職によって読まれて、その内容がきちっと実践されていたならば、本書第一章に書いた不幸な事件が発生しなかった可能性は高い。また、労働局や労基署が、このマニュアルにそって、所轄の事業場を監督・指導していたならば、この間の犠牲はもっと減っていただろう。

さらに医師をはじめすべての関係者がこのようなマニュアルの内容を理解していたならば、労働者・患者のいのちはもっと救われたのではなかろうか。

過労自殺ならびに業務上の原因による精神障害をなくしていくために、関係者が一層の努力を行うことが求められている。

4　学校教育への期待

企業の実態を知らせることの大切さ

多くの前途ある青年が過労自殺、過労死で亡くなっている事実を見るにつけ、私は、企業を疑い、十分な警戒心をもって入社していくことの大切さを痛感する。

つぎの言葉は、大学を卒業後、損害保険会社に就職し二五歳の若さで突然死した青年が、生前母親に語っていた内容である。

タイムカードもなく、残業は給料締切日前日に自分で書いて提出。しかも一ヵ月三十時間まで。あとはいくらやってもサービス残業。土曜日も午前中は仕事。たまの休日も、一人で出社している支社長にときおり呼び出される。会社訪問の説明会とは全く違うんだ。

母さんには分からないよ、俺の気持ちは。いくら一生懸命やっても次にはかならずそれ以上を要求されるんだ。疲れたよ。

損保会社の業界では、日動火災は六位なんだけど、神奈川だけは一番なんだ。東京海上に越されるな、負けるな。これが合い言葉なんだ。とにかく異常だよ、うちの会社は。ハードだよ。母さんには俺の顔見せられないよ。目の下にはくまができてしまっているんだ。疲れたよ。ゆっくり寝たいよ。

（全国過労死を考える家族の会編『日本は幸福《しあわせ》か』教育史料出版会、一九九一年）

亡くなった青年は、「会社訪問の説明会とは全く違うんだ」と家族に話していたように、会社に入ってから知った実態に驚き、その現実のなかで苦しみながら働き続けた。

企業が、採用の過程でうそをつくことはもちろん許されることではない。ただ、亡くなった彼には酷な言い方かもしれないが、日本の企業が本当のことをいわないのは、ある意味では常識である。彼が入社した一九八〇年代後半に損保会社でサービス残業を含めた異常な長時間労働が続いていたことも、業界を多少なりとも知っている人には常識的なことがらだった。もし、青年がこうした実態に関し予備知識をもち心の準備をして入社していれば、あるいは悲しい死に至らなかったかもしれない。ましてや、彼は大学では損害保険のゼミに所属していた。大学のなかで損保会社の労働実態に関しても勉強していたならば、と悔やまれてならない。

日本の学校教育では、こうした企業の実態を正確に学生に伝えることが、大変弱い。大学の法学部、経済学部、商学部では、法律知識や経済知識を教えても、企業内部のどろどろとした実態をほとんど教えていない。中学・高校段階でも、企業の負の部分に関してあまり触れない。過労死・過労自殺が発生している企業には、学生の就職人気ランキングの上位常連のところが多いのだが、その内実がほとんど学生には知られていないのが実情である。

企業の自己宣伝をそのまま学生に流すのでは、中学・高校・大学は教育機関として失格である。授業や教科書で、企業の生の現実を若い世代に伝える努力が教育関係者に求められているのではなかろうか。

私は、かつて、自動車教習所で初めて路上運転の練習をした際に、違法駐車の多さに驚いて運転ができなくなり、教習所の教官に強く叱られたことがある。教習所のなかで教えられた駐車のルールは、実際にはほとんど守られておらず、違法駐車の車をいかにうまくよけながら運転するかが技術だということを、そのとき知った。日本の企業で働き始めるのは、初めて自動車の路上運転をするのとよく似ていると思う。あらかじめ、違法状態があることを認識して、それにどう対処していくのかを考えておかないと、就職後パニックに陥る危険性があるのだ。

若者が日本の企業の実態をあらかじめ知っていれば、真面目に、几帳面に、勤勉に働くことの危険な一面を理解することができるだろう。就職前の予備知識、心の準備が、青年労働者の過労自殺を予防するうえで大切なのである。

「ブラック企業」という言葉の落とし穴

近年になって、「ブラック企業」という言葉が流行語になり、過重労働、賃金不払い、ハラスメントをはじめ、労働者の権利を踏みにじる悪質企業を告発する出版や報道が多くなった。このこと自体は、大変貴重な意義をもつことである。しかしながら、やや気になるのは、「ブラック企業」とは中小企業の悪質な企業のことであり、一部上場の大企業は、これとは違って「立派な会社」であると思っている学生が少なくないことである。このため、就職活動で従来にも増して、学生が世間的に名の知れた「立派な会社」に入ることをめざすようになっている。

職場の実態を直視すれば、日本の大企業には、過重労働、賃金不払い、ハラスメントがなく、労働者の権利が尊重されているというのは、おおいなる誤解である。『過労自殺』初版、本書、『就活前に読む――会社の現実とワークルール』(旬報社、二〇一一年)などで詳しく紹介したように、裁判所や労基署などの国家機関が過労死や過労自殺の発生を認定した大企業の事業所の数は、枚挙にいとまがない。大企業であればあるほど強い社会的権力を有するので、その影響力を行使して、「都合の悪い真実」を隠すことが可能となる。また、大企業は、日常的にCMなどを使って会社のプラスイメージ、いわば「ホワイト」な面を社会に浸透させることが可能である。このような情報操作に惑わされることなく、企業の実態を、若者のみならず国民全体が過不足なく知ることが大切なのである。

どのような企業にも、その程度は別にして、「ブラック」な側面は存在する。それは、企業が利益追求をめざす社会的存在であり、より多くの配当利益を期待する株主が企業運営の最終決定権限を有する以上、常に従業員の権利が脅かされる危険性が内包されている。とくに、グローバル経済が拡大し、目先の配当利益の増大と株価の上昇を追求する投資家が株主の主要構成員となり、企業経営を大きく左右するようになった今日、そのような危険性が一層増大している。

「ブラック企業」問題とは、決して一部の悪質企業のことがらではなく、すべての企業のあり方を問うテーマであることを肝に銘ずる必要がある。

ワークルールを学ぶことの大切さ

学生は就職前の段階で、労働に関する法律、いわゆるワークルールをよく学び、自らを守る法律上の護身術を身につけておくことが大切である。

過労自殺で亡くなった多くの被災者が、死亡前の段階で、退職の意思を口頭で上司に申し出たり、退職届の書面を上司に提出するなどしたものの、退職が「許可」されず、そのまま無理をして働き続けているうちに死亡に至っている。日本の企業は、ある時は、リストラ政策の一貫として無理やり労働者を退職に追い込もうとするが、他方では、会社が忙しい時や優秀な人材の場合には、労働者の退職申出を無視し、退職を「許可」せず、その退職届を受理しようとしない。

しかしながら、法律上、労働者は退職の自由を有しており、労働者が退職の意思を表示してから、二週間経過すれば自動的に労働契約は終了し、退職の効果が生ずるのである(民法第六二七条一項)。未消化の有給休暇があれば、この二週間を有給休暇にあてることも可能である。

過重労働により体調を崩したり、パワハラによって精神的な打撃を受けて、「もうこれ以上この会社にはいたくない」と感じたら、躊躇《ちゅうちょ》することなく退職届を提出し、上司が慰留しても、退職するのが賢明な選択である。このタイミングを逸して会社に残り、うつ病に罹患したり悪化してしまうと、もはや正常な判断能力、行為選択能力が無くなってしまい、視野狭窄《しやきょうさく》に陥り、ついには自殺しか解決策がないという心理状態になり、自らいのちを絶ってしまうのである。

現在の日本では、中学校・高校・大学を通じて、労働法などの基本的知識を学ぶ機会がほとんどない。ワークルールを学ぶことは、労働者が自らのいのちと健康を守るために不可欠である。

私は、年一回のゲスト講義(受講生は三、四年生)を担当している大学で、過労死・過労自殺の実態とワークルールについて話をしている。その感想文には、

「労働者を保護する法律を知らないことは、今後社会で働く者にとって、あってはならないことであると思うので、知識を今のうちに身につけようと思います」

「労働基準法などの法律を「働く側」が知っておくだけでも、うつ病→死は、防げると思う」

「なぜもっと早い段階で、こういう講義がないのか。高校生にこういう知識は絶対に必要です。一〇〇〇年も前の歴史を学ぶくらいなら、簡単な労働法でも、逃げ道を学んでから社会に出ないと、根本的な解決にならない」

などと記載されていた。

大学では労働法をすべての学生の必須科目にしたり、高校ではワークルールを学ぶ授業をつくるなど、学校関係者には、カリキュラム編成をぜひ改善していただきたいと期待する。

〝一生懸命〟はやめよう

過労自殺に至った若者の中には、激しい受験競争や就職競争を勝ち抜いた人が少なくない。競争を勝ち抜いたということは、能力や素質に恵まれ、かつ努力を重ねた結果である。

そういう彼らは、入社後に会社から課せられた業務に精力的に取り組んだ。たとえ新人にはむずかしい課題であっても、意欲をもって取り組んだ。遺族からは「息子は〝一生懸命〟仕事に取り組んでいました」という言葉がよく聞かれる。このような身を粉にしても働く資質は、入社後の社員教育ですぐ身につくものではない。小さい頃からの社会教育のシステムによって、長い年月をかけて形成されるものである。

ドイツの社会学者マックス・ヴェーバーは、『プロテスタンティズムの倫理と資本主義の精神』で、ピューリタニズムの倫理が、近代資本主義の精神を育てていったことを論述したが、とくにつぎの箇所は、日本の現状を考えるうえでも示唆に富む（大塚久雄訳、岩波文庫、一九八九年改訳版、〔　〕内は引用者）。

こうした場合〔高度に鋭敏な注意力や創意を必要とするような製品の製造が問題となる場合〕には、

端的に高度の責任感が必要であるばかりか、少なくとも勤務時間の間は、どうすればできるだけ楽に、できるだけ働かないで、しかもふだんと同じ賃銀がとれるか、などということを絶えず考えたりするのではなくて、あたかも労働が絶対的な自己目的――Beruf「天職」――であるかのように励むという心情が一般に必要となるからだ。しかし、こうした心情は、決して、人間が生まれつきもっているものではない。また、高賃銀や低賃銀という操作で直接作り出すことができるものでもなくて、むしろ、長年月の教育の結果としてはじめて生まれてくるものなのだ。

マックス・ヴェーバーのいう「あたかも労働が絶対的な自己目的であるかのように励むという心情」は、過労自殺に至る被災者の労働にも共通する面がある。このような心情は「長年月の教育の結果」身についてきたものであろう。

もちろん労働に励む心情は、人間社会にとって大切で有益な面も多い。だが、ものごとには、おのずと限度というものがある。受験競争のみならず、ほとんど休日なしの中・高校生の過剰なクラブ活動も、バランスある心身の発達に大きな支障を来している。

〝一生懸命〟という言葉は、教育の場からも労働の場からもなくしたほうがよい。「いのちを懸けて」でなく、「いのちを大切にして」働くことが、いま求められている。

5　過労死防止法の制定

過労死はあってはならない

数年間の準備段階を経て、二〇一一年一一月、衆議院第一議員会館で、二五〇人以上が参加して、過労死防止基本法制定実行委員会の結成総会が開催された。そして、過労死遺族、弁護士、研究者、NPO、労災専門家などが中心になって、「ストップ！過労死一〇〇万人署名」をはじめ、過労死を防止するための法律をつくる活動を全国各地で開始した(写真参照)。

「過労死一一〇番」相談窓口が一九八八年に設置されて以来、過労死をめぐっては、労災認定や企業補償の面では、相当に前進してきたといえるが、他方、過重労働の実態は改善されてきたとはいえず、むしろ、悪化している職場も多い。こうした状況の中で、全国過労死を考える家族の会と過労死弁護団全国連絡会議が呼びかけ、過労死を防止するための基礎となる法律づくりを全国民に訴えることとなった。

この活動の目標は、労働基準法等の改正を直接目標とするものではなく、「過労死はあって

過労死防止基本法制定実行委員会が全国各地で活動を展開した
(写真は同会提供による)

はならない」という理念の下で、国等に過労死を防止する責務があることを明確にし、実態調査・研究を実施し総合的な対策を行うことを定めた基本法(国政にとって重要な分野の政策、対策に関する基本方針・大綱などを明示したもの)を制定することであった。

この市民運動が始まるや、一人の遺族だけで一〇〇〇名を超す署名を集めるなど、短期間に五〇万人を超える署名が全国各地から届けられた。また、遺族の訴えに応えた地方議員が精力的に活動を進めた結果、全国の地方議会で、一〇〇を超える過労死防止法の制定を求める決議が採択された(表4-4は、決議が上がった地方議会)。国会の議員会館内での集会が約二年半の間に一〇回近くにわたり開催され、数多くの遺族が超党派の国会議員の前で、過労死をなくすための立法を訴え続けた。

こうして、過労死をなくそうとの声が国会周辺に続々

表 4-4　請願(過労死防止法制定に関する意見書)採択　地方議会一覧

2012 年	
6/27	大阪府 高槻市議会
6/29	同　八尾市議会
9/26	同　吹田市議会
9/26	同　大東市議会
10/2	同　羽曳野市議会
10/23	兵庫県 神戸市議会
12/14	埼玉県 吉川市議会
12/21	京都府 亀岡市議会
2013 年	
3/14	島根県 出雲市議会
3/14	同　浜田市議会
3/22	同　安来市議会
3/22	同　雲南市議会
3/22	同　大田市議会
3/27	同　益田市議会
6/12	兵庫県議会
6/14	島根県 美郷町議会
6/17	同　飯南町議会
6/19	同　津和野町議会
6/19	同　川本町議会
6/20	同　吉賀町議会
6/21	同　邑南町議会
6/26	島根県議会
6/26	島根県 隠岐の島町議会
6/26	島根県 海士町議会
6/28	京都府 宇治市議会
6/28	京都府 南丹市議会
6/28	島根県 知夫村議会
7/1	同　奥出雲町議会
7/5	島根県 松江市議会
9/10	奈良県 桜井市議会
9/12	福島県 石川町議会
9/13	大阪府 堺市議会
9/17	京都府 向日市議会
9/17	福岡県 大牟田市議会
9/18	東京都 西東京市議会
9/19	奈良県 五條市議会
9/19	同　大和高田市議会
9/19	同　生駒市議会
9/20	東京都 東久留米市議会
9/20	岩手県 遠野市議会
9/24	愛知県 豊橋市議会
9/24	石川県 金沢市議会
9/24	高知県 須崎市議会
9/25	奈良県 橿原市議会
9/25	福岡県 嘉麻市議会
9/26	大阪府 枚方市議会
9/26	同　茨木市議会
9/26	島根県 西ノ島町議会
9/27	宮崎県議会
9/27	青森県 青森市議会
9/30	長野県 岡谷市議会
10/2	宮城県 気仙沼市議会
10/3	岩手県 二戸市議会
10/4	兵庫県 篠山市議会
10/8	東京都 狛江市議会
10/8	福岡県 北九州市議会
10/10	宮城県 大崎市議会
10/17	東京都 中央区議会
12/6	愛知県 名古屋市議会
12/10	和歌山県 有田川町議会
12/11	奈良県 御所市議会
12/12	福島県 いわき市議会
12/13	山形県 三川町議会
12/13	和歌山県 橋本市議会
12/17	大阪府 藤井寺市議会
12/19	愛知県 安城市議会
12/19	兵庫県 姫路市議会
12/19	同　西宮市議会
12/19	和歌山県議会
12/19	和歌山県 和歌山市議会
12/19	京都府 長岡京市議会
12/19	同　木津川市議会
12/20	兵庫県 芦屋市議会
12/20	愛知県 豊川市議会
12/24	兵庫県 三田市議会
12/24	京都府 福知山市議会
12/25	同　八幡市議会
12/26	同　京田辺市議会
12/26	同　舞鶴市議会
2014 年	
2/28	神奈川県 横須賀市議会
3/5	長野県議会
3/5	長野県 大桑村議会
3/12	同　麻績村議会
3/13	同　小川村議会
3/14	山形県 酒田市議会
3/14	長野県 木曽町議会
3/17	京都府 京都市議会
3/17	山形県 庄内町議会
3/17	長野県 青木村議会
3/17	同　筑北村議会
3/18	神奈川県 藤沢市議会
3/18	埼玉県 越谷市議会
3/19	長野県 木祖村議会
3/20	愛媛県 新居浜市議会
3/20	宮城県議会
3/20	京都府 伊根町議会
3/20	山形県 鶴岡市議会
3/20	長野県 信濃町議会
3/20	同　飯綱町議会
3/20	同　長和町議会
3/20	北海道議会
3/20	福井県 勝山市議会
3/20	同　越前市議会
3/24	大阪府議会
3/24	京都府 綾部市議会
3/24	福井県 大野市議会
3/24	長野県 中野市議会
3/25	大阪府 泉佐野市議会
3/25	同　守口市議会
3/25	神奈川県議会
3/25	奈良県議会
3/25	神奈川県 横浜市議会
3/25	北海道 室蘭市議会
3/25	福井県 福井市議会
3/25	長野県 木島平村議会
3/26	大阪府 池田市議会
3/28	京都府 京丹後市議会
3/28	同　宮津市議会
3/28	大阪府 摂津市議会

(2014 年 3 月末現在)

と寄せられ、党派を超えた議員がこの法律の制定に取り組むようになり、やがて、与野党を問わず、ほぼすべての政党の議員が参加する超党派議員連盟が発足し、その議員数は一二九名に達した(二〇一四年五月二〇日現在)。

国連から日本政府への勧告

折しも、日本も批准している国際人権規約のうち、社会権規約(A規約「経済的、社会的及び文化的権利に関する国際規約」)の各国での実施状況審査が二〇一三年四月から五月にかけて行われ、日本の審査は四月三〇日に行われた。

全国過労死を考える家族の会は、日本政府の報告に対するカウンターレポートを事前に提出したうえで、三人が「過労死は社会権規約に反する人権侵害である」というスピーチを行った。そして、審査最終日の五月一七日に発表された社会権規約委員会の総括所見第一七項に、過労死・過労自殺について、日本政府に対しつぎの勧告が盛り込まれた。

委員会は、締約国(日本)が雇用主に対して自主的な行動をするように奨励する措置を講じているにもかかわらず、多くの労働者が今なお非常に長時間の労働に従事していることを懸念する。また、委員会は、過労死及び職場における精神的なハラスメントによる自殺が発生し続けていることも懸念する。

委員会は、社会権規約第七条に定められた、安全で健康的な労働条件に対する労働者の権利、そして、労働時間に対する合理的な制限に対する労働者の権利を守る義務に従って、締約国が長時間労働を防止する措置を強化し、労働時間の延長に対する制限に従わない者に対して一般予防効果のある制裁を適用するよう勧告する。また、委員会は、締約国が必要な場合には職場におけるあらゆる形態のハラスメントを禁止、防止することを目的とした立法、規制を講じるよう勧告する。

（和訳　須田洋平弁護士）

このように社会権規約委員会は、過労死・過労自殺は、社会権規約第七条（表4-5）に違反する人権侵害であるとして、その是正を日本政府に勧告したのである。この勧告は、過労死防止法制定の取り組みに弾みをつけるものとなった。

新しい経営理念と実践

労働時間を減らし過労死をなくそうとの声は、経営者サイドからも寄せられるようになり、

表4-5　社会権規約第7条

第7条　この規約の締約国は，すべての者が公正かつ良好な労働条件を享受する権利を有することを認める．この労働条件は，特に次のものを確保する労働条件とする． (a) すべての労働者に最小限度次のものを与える報酬 (i) 公正な賃金及びいかなる差別もない同一価値の労働についての同一報酬．特に，女子については，同一の労働についての同一報酬とともに男子が享受する労働条件に劣らない労働条件が保障されること (ii) 労働者及びその家族のこの規約に適合する相応な生活 (b) 安全かつ健康的な作業条件 (c) 先任及び能力以外のいかなる事由も考慮されることなく，すべての者がその雇用関係においてより高い適当な地位に昇進する均等な機会 (d) 休息，余暇，労働時間の合理的な制限及び定期的な有給休暇並びに公の休日についての報酬

私のもとにも、大手企業の元社長から署名が届いた。そして、国会内外での集会などで、経営者、経営コンサルタント、経営学者の講演も行われ、現代日本の企業経営にとって、労働時間短縮、残業削減がいかに重要かが指摘された。

元トリンプ・インターナショナル・ジャパン社長の吉越浩一郎氏は、『「残業ゼロ」の仕事力』(日本能率協会マネジメントセンター、二〇〇七年)の中で、「業務時間内に仕事が終わらなかったら、それは仕事の絶対量が多すぎるのか、作業の仕方に無駄があるのか、それとも社員のモチベーションが下がっているのか、とにかく原因がどこかにあるはずです。そして、その原因をつきとめて解決することで、生産性を飛躍的に上げることができるのです」と指摘し、残業をなくす取り組みを実践してきた。また、同氏は、「私は、決算数字だけでなく、すべての会社が社員の平均残業時間、有給休暇の消化率、社員の健康診断の結果、在籍中の死亡者数とその原因、及び社員の平均寿命といったデータを公表することを、国が義務化すればいいと思います」と提言している(『「残業ゼロ」の人生力』)。

未来工業創業者の山田昭男氏は、『ホウレンソウ禁止で1日7時間15分しか働かないから仕事が面白くなる』(東洋経済新報社、二〇一二年)の中で「ほかの会社みたいに仕事に始終追われ、一度きりの人生を棒に振るような人間になってほしくない」という経営哲学を示し、労働時間短縮の具体化を進めてきた。

株式会社ワークライフバランス社長の小室淑恵氏は、『6時に帰るチーム術』(日本能率協会マネジメントセンター、二〇〇八年)の中で、経営の観点から見ても、男性も女性も労働時間を短縮することの重要性を指摘し、「業績悪化のときこそ「ワークライフバランス」が必要だと強調している。

企業倫理と健康経営

経営学者の中谷常二氏(近畿大学教授)は、アダム・スミスやカントの研究も踏まえて、『ビジネス倫理学』(晃洋書房、二〇〇七年)において、「企業経営を利潤一辺倒のあり方から、利潤と

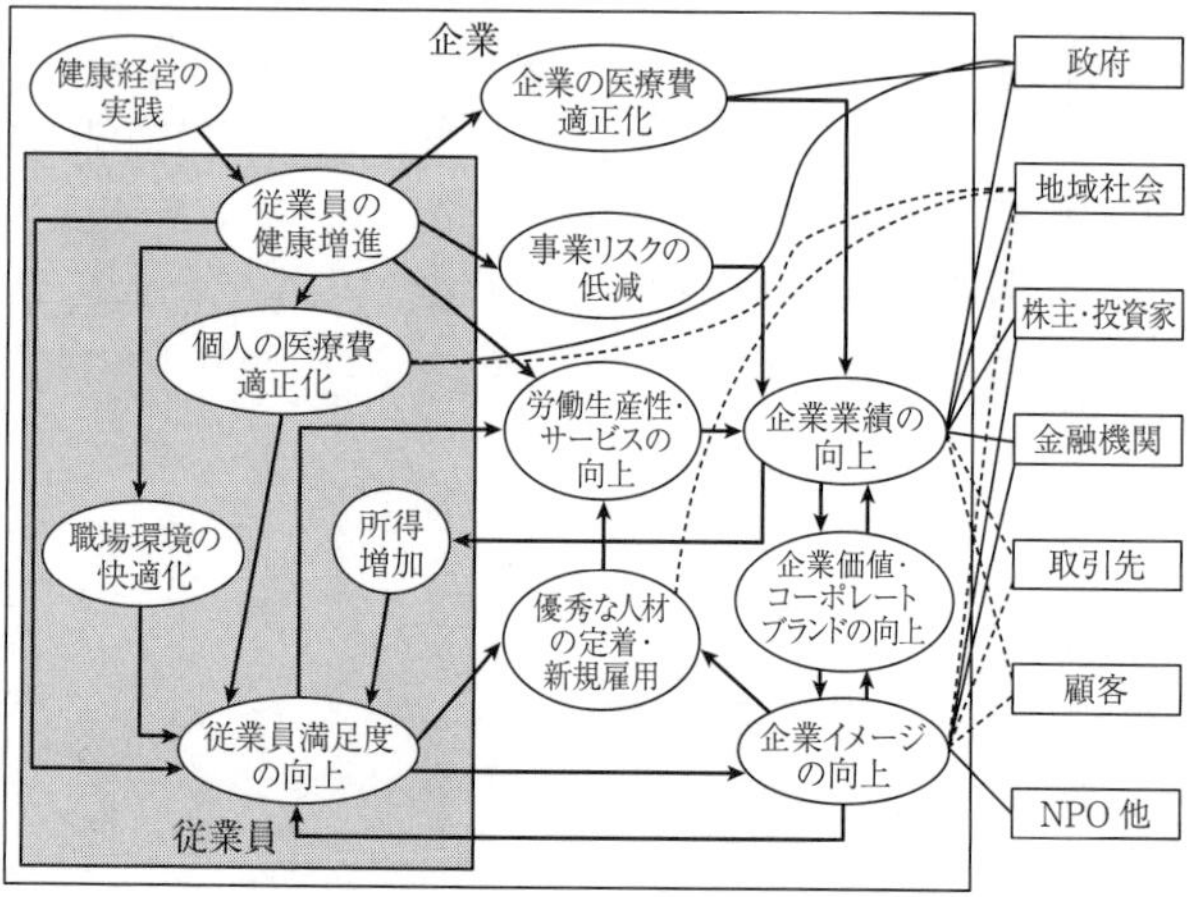

図 4-6 CSR の視点による健康経営の効果

（出典）経済産業省（2008 年）及び田中滋・川渕孝一・河野敏鑑編著『会社と社会を幸せにする健康経営』（勁草書房，2010 年）

倫理性を共に具備した経営のあり方に変えていくには大きなパラダイム転換が必要である。そのためには企業の経営をつかさどる経営者のみならず、経営をコントロールできる株主や、企業内にいて自身が変革の担い手になりうる従業員、購買活動を通して意見を表明できる消費者など全てのステイクホルダーが、企業の倫理性を重視していくようになることが不可欠であろう」と指摘し、倫理学の見地から、過労自殺を重要なテーマとして挙げている。

また、近年になって、CSR（企業の社会的責任）という視点から「健康経営」という言葉がしばしば使われ、重視されるようになってきた。健康経営の実践（図4-6）

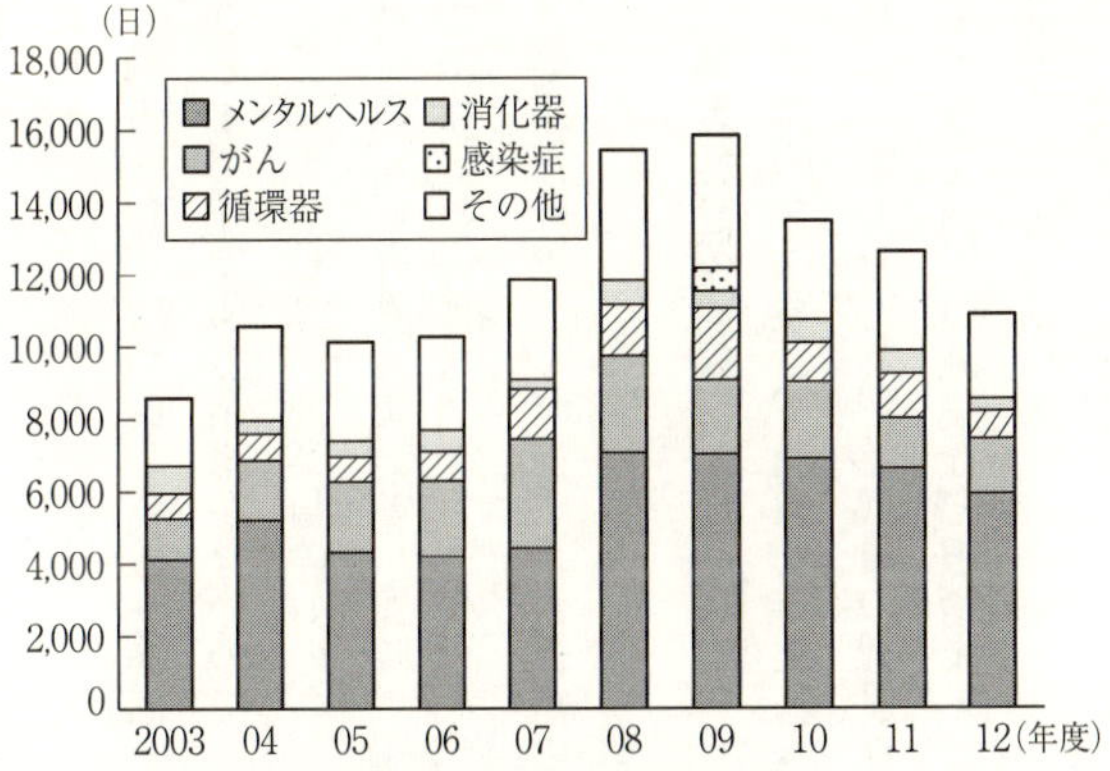

図4-7　疾病休業の内訳

(出典) 三井化学株式会社のHPより

という観点から、従業員の健康増進が図られ、職場環境の快適化から従業員満足度の向上につながり、全体としての企業活動の前進、あるいは医療費の適正化にもつながるという研究と実践が進められるようになった(田中滋他編著『会社と社会を幸せにする健康経営』勁草書房、二〇一〇年)。図4-7は、「健康経営」を実践している三井化学株式会社がホームページで公開しているものである。同社では、CSRの観点から、会社内での病気の状況改善ということを明確にし、病気による休業日数を公開し、これらを減らすために努力している旨発表している。

財界の中心である日本経済団体連合会(経団連)は、元来、企業行動憲章の第四項目で「従業多様性、人格、個性を尊重するとともに、しやすい環境を確保し、ゆとりと豊かさを実現する」とうたっており、過労死防止法の制定に反対することはなかった。

過労死防止法の取り組みを進めている中では、「企業は不況脱出に精一杯で、過労死防止のことまで配慮する余裕がないのでは？」という疑問も出された。

しかし、私は、従業員のいのちと健康が損なわれている職場では、活力ある企業活動など期待できないと考えている。実際、過労死・過労自殺が発生した企業を分析すると、労災の発生だけでなく、不正行為などの企業不祥事が続発していることが少なくない。

健康な職場づくりは、企業経営の再生にとっても不可欠といえる。

過労死等防止対策推進法の成立

具体的な法案は、過労死防止基本法制定実行委員会がまず案文をつくり、その後、衆議院法制局の協力を得て野党議員の議員立法案が出来、二〇一三年秋の臨時国会に提出された。そして、与党内での議論などを踏まえて、超党派の議員連盟で一致した内容の法案がつくられ、通常国会に提出された。

そして、二〇一四年六月二〇日、「過労死等防止対策推進法」が満場一致で成立するに至った。遅くとも一四年一二月までに施行される。

成立した法律は、使用者の責務規定が弱いことなど、実行委員会のめざした法律の内容から見れば不十分な点もあるが、過労死を防止する運動を進めるうえで、貴重な第一歩を踏み出した内容である。そして、長きにわたり過労死がひろがり放置されてきた経過を考えれば、日本が「過労死大国」から脱却するための歴史的な意義を有するものといえる。

法律の主な内容は、つぎのとおりである。

① 法律の目的(第一条)

我が国において過労死等が多発し、大きな社会問題となっていること、及び過労死等が、本人はもとより、その遺族または家族のみならず社会にとっても大きな損失であることに鑑み、過労死等に関する調査研究等について定めることにより、過労死等の防止のための対策を推進し、もって過労死等がなく、仕事と生活を調和させ、健康で充実して働き続けることのできる社会の実現に寄与する。

② 「過労死等」の定義(第二条)

業務における過重な負荷による脳血管疾患、心臓疾患を原因とする死亡、業務における強い心理的負荷による精神障害を原因とする自殺による死亡、または、これらの脳血管疾患、心臓疾患、精神障害。

③ 基本理念(第三条)

過労死等に関する調査研究を行うことにより実態を明らかにし、その成果を過労死等の効果的な防止のための取り組みに生かし、防止することの重要性について国民の自覚を促し、これに対する国民の関心と理解を深める。

防止のための対策は、国、地方公共団体、事業主その他の関係する者の相互の密接な連携の下に行う。

④ 国等の責務(第四条)

国は、過労死等の防止のための対策を効果的に推進する責務を有する。

地方公共団体は、国と協力しつつ、過労死等の防止のための対策を効果的に推進するよう努めなければならない。

事業主は、国、地方公共団体が実施する対策に協力するよう努めるものとする。

国民は、過労死等を防止することの重要性を自覚し、これに対する関心と理解を深めるよう努めるものとする。

⑤ 啓発月間（第五条・第九条）

国民の間に広く過労死等を防止することの重要性について自覚を促し、関心と理解を深める。

一一月を過労死等防止啓発月間とする。

国、地方公共団体は、教育活動、広報活動を行う。

⑥ 年次報告（第六条）

政府は、毎年、過労死等の概要及び防止のために講じた施策の状況に関する報告書を提出する。

⑦ 大綱（第七条）

政府は、過労死等防止対策に関する大綱を定める。

⑧ 調査研究（第八条）

国は、過労死等に関する調査研究、情報の収集、整理、分析、提供を行う。

調査研究にあたっては、（「過労死等」の定義に含まれていないものでも）業務において過重な負荷または強い心理的負荷を受けたことに関連する死亡や傷病、（労働者以外の）事業を営む個人や法人役員についても、広く対象とする。

⑨ **相談体制**（第一〇条）

国、地方公共団体は、過労死等に関し相談できる機会の確保、産業医等相談に応じる者に対する研修機会の確保、過労死等を防止するための体制の整備などの施策を講じる。

⑩ **活動の支援**（第一一条）

国、地方公共団体は、民間の団体が行う過労死等防止活動を支援するために必要な施策を講ずる。

⑪ **協議会**（第一二条・第一三条）

厚生労働省は、大綱（第七条）作成のために、過労死等防止対策推進協議会を置く。

協議会委員は、病気になった者とその家族、遺族、労働者代表、使用者代表、専門的知識を有する者などから、厚生労働大臣が任命する。

⑫ **法制上の措置**（第一四条）

政府は、調査研究等の結果を踏まえ、必要と認めるときは、必要な法制上または財政上の措置を講ずる。

法律の意義と今後の課題

成立した「過労死等防止対策推進法」の内容は、とくに以下の点で重要な意義をもっている。

第一に、国が、過労死等がなく、仕事と生活を調和させ、健康で充実して働き続けることのできる社会の実現に向けて、過労死等防止対策を効果的に推進する「責務」を有することを明示したことである。

この法案が成立したことは、過労死防止を国家的な目標として国会が定めたことを意味するのであり、今後、この法律の存在を、様々な分野で効果的に活用していくことが大切である。

第二に、日本では、これまで、働く者のいのちと健康をめぐる問題について、調査・統計が大変不十分であった。第二章で述べたように、在職中死亡者の数やおおまかな原因分類すら、これまで五年に一度しか調査が行われていない。ある海外の医学研究者が私に対して、「日本の企業は労働者の健康調査に関して極めて非協力的である」と批判していたことがある。世界的にも有名な過労死の実態を調査しようとしても、基本的なデータ自体が極めて不足しているのである。

この法律ができたことによって、従来には実施されていなかった様々な調査を今後行う可能性が生まれた。とくに、調査の対象には、この法律の「過労死等」の定義にかかわらず、様々な疾病(呼吸器疾患、消化器疾患等)や事故(過労運転による事故等)も含めることが可能であり、労働者以外の自営業者や役員に関しても調査対象となるので、速やかに適切な調査を実現していくことが重要である。

自殺対策基本法(二〇〇六年成立)を例に挙げると、同基本法成立以降、「自殺統計」発表の時期が格段に早くなり、また、自殺対策白書が報告されるようになった。過労死に関しては、疾病名も様々で、死亡原因に対する評価が分かれるなど、自殺統計に比べて、一段と工夫が必要となるが、従来、厚生労働省や内閣府が実施してきた調査・統計を活用しつつも、どのように調査内容を追加・修正していくかについて早急に検討が求められている。

第三に、国や地方公共団体による広報活動、教育活動、一一月の啓発月間の設定は、過労死問題を国民的課題として解決していくうえで、重要なステップとなり得る。これまでも、過労死家族の会や過労死弁護団など民間団体のレベルでは、様々な場で、過労死の実態を訴えてきたが、今後、従来に比べて、規模・内容とも拡大・充実した社会的なアピールが可能となろう。また、学校で過労死問題をきちっと教育していくことの条件がひろがったといえ、若者の過労死防止にとって貴重な前進である(本章第4節参照)。

第四に、大綱作成のための協議会の委員に、過労死遺族も入ることが明記されるなど、過労死の防止に向けて、被災者・遺族の声をよく聞いて政府が方針を決めていくことが体制面で確保された。

第五に、今後、毎年、政府から過労死問題に関する年次報告が実施されることとなり、防止のための必要な法制上・財政上の措置についても言及されている。したがって、この法律の効果として、調査研究や啓発活動のみではなく、将来、過労死をなくすためのさまざまな実効性ある政府の措置(労働法令の改正等)につなげていくための条件が設定されている。

過労死・過労自殺をなくしていくために、この法律制定に取り組んだ人々はもとより、広範な国民の一層の取り組みと支援を期待したい。

あとがき

二〇一四年正月のこと。拙宅の最寄駅改札口付近で、五人くらいの人々が、大きな声で何かを訴えていた。近づいて見ると、郵便局の人々が机を出して年賀状を販売していた。本来は正月に配達するはずの年賀状であるが、前年に売り切れずに残ったのであろう。郵政民営化されてから経営実績の管理がきびしくなっているとは聞いていたが、正月に街頭に出てまで販売をするのは、働く者にとって、精神的にも肉体的にも相当に酷なことではなかろうか。

政府は、二〇一四年六月二四日、働いた「時間」の長さと関係なく、労働の「成果」に対して賃金を支払う制度を導入する方針を閣議決定した。いまのところ、その対象者は一定の範囲に限定するとされているが、いったん導入されれば、なし崩し的に対象がひろがる恐れがある。販売・営業関連の職業では、どれだけの商品を販売できたのかが「成果」となる。

商品が売れるかどうかは、各労働者の経験・能力以外にも、市場での商品の評判、社会全体の景気動向、同業他社の動向などによって決まり、個々の労働者の努力ではいかんともしがたい事情に大きく左右される。にもかかわらず、前述のような新しい制度が導入されれば、労働時間の上限規制は一切なくなり、経営者や会社の上司が決めた目標(ノルマ)を達成するために、労働者は身を粉にして働かざるを得なくなる。また、何時間働いても賃金は同じとなり、残業手当・深夜手当・休日手当もゼロとなる。

販売・営業関連職だけでなく、企画・開発等、様々な部門の労働者が会社の設定する達成目標にしばられて、「合法化」された「サービス残業」に従事することになろう。

重要なことは、こうした目標(ノルマ)を決定するのは、経営者や会社の幹部であって、労働者本人ではないことだ。目標が決められれば、景気の悪化など様々な支障が生じても、「成果」が出るまで働き続けることになる。いまでも過労死・過労自殺が多数発生している日本の職場において、過労・ストレスがますます拡大し、健康を損なう労働者、いのちまで奪われる労働者が増加するのは必至であろう。

このような危険な労働時間・賃金制度の導入は、あってはならないことである。

「国会は生きていた」

二〇一四年六月二〇日、過労死等防止対策推進法(略称・過労死防止法)が超党派議員立法と

して成立した。過労死を防止するために国を挙げて取り組むことを定めた法律の制定は、働く者のいのちと健康を守るうえで歴史的な意義をもつものといえる。

一九八八年以降、過労死という言葉が内外にひろまり、その深刻な実態が明らかにされるようになってからも、政府の対応は冷淡であった。九〇年代前半頃までは、日本の労働行政は、過労死という概念自体を否定し、そのようなものは日本には存在しないとまでいっていた。こうした歴史的な経緯を考えれば、過労死という言葉を法律の名称に使用し、かつ、過労死を防止することを「国の責務」として位置づけたことの意義は、はかり知れないほど大きい。

大事なのは、この画期的な法律を、今後効果的に活かしていくことである。まず、同法で決められた主要な四項目(①調査・研究、②啓発活動、③産業医等人材育成、④民間活動の支援)をただちに実践していくことが大切である。

そして、この法律では労働時間規制等に関しては直接触れられていないが、同法に基づく過労死の調査分析、啓発活動等を踏まえて、今後、必要な措置(法令改正の検討を含む)を講じていくことが求められている。

労働時間規制をなくす方向での「改革」は、過重労働を一層深刻なものとし、過労死・過労自殺を防止するどころか、促進することになる。法令改正は、長時間労働をはじめとした過重労働を規制する方向においてこそ、なされるべきである。

過労死防止法制定のためにおおいなる力を発揮したご遺族をはじめ、支援してくださった方々のご尽力・ご協力に対し心より感謝するとともに、この法律を実効性あるものにしていくために、引き続き、共に活動を続けていきたいと思う。

また、立法のために多大な労力を費やしていただいた与野党の国会議員、法制局等公務員の方々に、深く敬意を表したい。最近の原発訴訟の判決のあと、裁判所の前で、「司法は生きていた」というたれ幕が掲げられていたが、私は、過労死防止法成立の事実から、「国会は生きていた」と実感した。

本書の執筆と発刊にあたっては、上田麻里氏をはじめ岩波書店の方々にご尽力をいただきました。そのおかげで、時宜にかなった内容で出版することが出来ました。深く御礼申し上げます。

二〇一四年六月

川人　博

岩波新書新赤版一〇〇〇点に際して

ひとつの時代が終わったと言われて久しい。だが、その先にいかなる時代を展望するのか、私たちはその輪郭すら描きえていない。二〇世紀から持ち越した課題の多くは、未だ解決の緒を見つけることのできないままであり、二一世紀が新たに招きよせた問題も少なくない。グローバル資本主義の浸透、憎悪の連鎖、暴力の応酬――世界は混沌として深い不安の只中にある。

現代社会においては変化が常態となり、速さと新しさに絶対的な価値が与えられた。消費社会の深化と情報技術の革命は、種々の境界を無くし、人々の生活やコミュニケーションの様式を根底から変容させてきた。ライフスタイルは多様化し、一面では個人の生き方をそれぞれが選びとる時代が始まっている。同時に、新たな格差が生まれ、様々な次元での亀裂や分断が深まっている。社会や歴史に対する意識が揺らぎ、普遍的な理念に対する根本的な懐疑や、現実を変えることへの無力感がひそかに根を張りつつある。そして生きることに誰もが困難を覚える時代が到来している。

しかし、日常生活のそれぞれの場で、自由と民主主義を獲得し実践することを通じて、私たち自身がそうした閉塞を乗り超え、希望の時代の幕開けを告げてゆくことは不可能ではあるまい。そのために、いま求められていること――それは、個と個の間で開かれた対話を積み重ねながら、人間らしく生きることの条件について一人ひとりが粘り強く思考することではないか。その営みの糧となるものが、教養に外ならないと私たちは考える。歴史とは何か、よく生きるとはいかなることか、世界そして人間はどこへ向かうべきなのか――こうした根源的な問いとの格闘が、文化と知の厚みを作り出し、個人と社会を支える基盤としての教養となった。まさにそのような教養への道案内こそ、岩波新書が創刊以来、追求してきたことである。

岩波新書は、日中戦争下の一九三八年一一月に赤版として創刊された。創刊の辞は、道義の精神に則らない日本の行動を憂慮し、批判的精神と良心的行動の欠如を戒めつつ、現代人の現代的教養を刊行の目的とする、と謳っている。以後、青版、黄版、新赤版と装いを改めながら、合計二五〇〇点余りを世に問うてきた。そして、いままた新赤版が一〇〇〇点を迎えたのを機に、人間の理性と良心への信頼を再確認し、それに裏打ちされた文化を培っていく決意を込めて、新しい装丁のもとに再出発したいと思う。一冊一冊から吹き出す新風が一人でも多くの読者の許に届くこと、そして希望ある時代への想像力を豊かにかき立てることを切に願う。

（二〇〇六年四月）

川人 博

1949年大阪府泉佐野市生まれ．東京大学経済学部を卒業．
78年東京弁護士会に弁護士登録．
88年から「過労死110番」の活動に参加し，現在，過労死弁護団全国連絡会議幹事長．
著書―『過労死社会と日本』(花伝社)
『過労死と企業の責任』(社会思想社)
『過労自殺』(初版，岩波新書)
共著―『就活前に読む 会社の現実とワークルール』
『過労死・過労自殺労災認定マニュアル――Q＆Aでわかる補償と予防』(いずれも旬報社)他多数

川人法律事務所　http://www.kwlaw.org/
「過労死110番」全国ネットワーク　http://karoshi.jp/

過労自殺 第二版　岩波新書(新赤版)1494

2014年7月18日　第1刷発行

著　者　川《かわ》人《ひと》 博《ひろし》

発行者　岡本 厚

発行所　株式会社 岩波書店
〒101-8002 東京都千代田区一ツ橋2-5-5
案内 03-5210-4000　販売部 03-5210-4111
http://www.iwanami.co.jp/

新書編集部 03-5210-4054
http://www.iwanamishinsho.com/

印刷・理想社　カバー・半七印刷　製本・中永製本

ISBN 978-4-00-431494-3　Printed in Japan

JASRAC 出 1407765-401

[巻末資料]

業務による心理的負荷評価表(抄)

＊厚生労働省作成．本文第3章第2節ならびに同章第4節参照

特別な出来事

特別な出来事の類型	心理的負荷の総合評価を「強」とするもの
心理的負荷が極度のもの	• 生死にかかわる，極度の苦痛を伴う，又は永久労働不能となる後遺障害を残す業務上の病気やケガをした （業務上の傷病により6か月を超えて療養中に症状が急変し極度の苦痛を伴った場合を含む）…項目1関連 • 業務に関連し，他人を死亡させ，又は生死にかかわる重大なケガを負わせた(故意によるものを除く）…項目3関連 • 強姦や，本人の意思を抑圧して行われたわいせつ行為などのセクシュアルハラスメントを受けた…項目36関連 • その他，上記に準ずる程度の心理的負荷が極度と認められるもの
極度の長時間労働	• 発病直前の1か月におおむね160時間を超えるような，又はこれに満たない期間にこれと同程度の(例えば3週間に おおむね120時間以上の)時間外労働を行った(休憩時間は少ないが手待時間が多い場合等，労働密度が特に低い場合を除く）…項目16関連

※「特別な出来事」に該当しない場合には，それぞれの関連項目により評価する.

特別な出来事以外

(総合評価における共通事項)

1 出来事後の状況の評価に共通の視点

出来事後の状況として，表に示す「心理的負荷の総合評価の視点」のほか，以下に該当する状況のうち，著しいものは総合評価を強める要素として考慮する.

① 仕事の裁量性の欠如(他律性，強制性の存在)．具体的には，仕事が孤独で単調となった，自分で仕事の順番・やり方を決めることができなくなった，自分の技能や知識を仕事で使うことが要求されなくなった等.

② 職場環境の悪化．具体的には，騒音，照明，温度(暑熱・寒冷)，湿度(多湿)，換気，臭気の悪化等.

③ 職場の支援・協力等(問題への対処等を含む)の欠如．具体的には，仕事のやり方の見直し改善，応援体制の確立，責任の分散等，支援・協力がなされていない等.

④ 上記以外の状況であって，出来事に伴って発生したと認められるもの(他の出来事と評価できるものを除く.)

2 恒常的長時間労働が認められる場合の総合評価

① 具体的出来事の心理的負荷の強度が労働時間を加味せずに「中」程度と評価される場合であって，出来事の後に恒常的な長時間労働(月100時間程度となる時間外労働)が認められる場合には，総合評価は「強」とする.

② 具体的出来事の心理的負荷の強度が労働時間を加味せずに「中」程度と評

価される場合であって，出来事の前に恒常的な長時間労働（月100時間程度となる時間外労働）が認められ，出来事後すぐに（出来事後おおむね10日以内に）発病に至っている場合，又は，出来事後すぐに発病には至っていないが事後対応に多大な労力を費しその後発病した場合，総合評価は「強」とする．↗

（具体的出来事）

	出来事の類型	平均的な心理的負荷の強度				心理的負荷の強度を
		具体的出来事	心理的負荷の強度			
			Ⅰ	Ⅱ	Ⅲ	弱
15	③仕事の量・質	仕事内容・仕事量の（大きな）変化を生じさせる出来事があった		☆		【「弱」になる例】 • 仕事内容の変化が容易に対応できるもの（※）であり，変化後の業務の負荷が大きくなかった ※会議・研修等の参加の強制，職場のOA化の進展，部下の増加，同一事業場内の所属部署の統廃合，担当外業務としての非正規職員の教育等 • 仕事量（時間外労働時間数等）に，「中」に至らない程度の変化があった
16		1か月に80時間以上の時間外労働を行った		☆		【「弱」になる例】 •1か月に80時間未満の時間外労働を行った （注）他の項目で評価されない場合のみ評価する．
17		2週間以上にわたって連続勤務を行った		☆		【「弱」になる例】 • 休日労働を行った
18		勤務形態に変化があった	☆			○勤務形態に変化があった
19		仕事のペース，活動の変化があった	☆			○仕事のペース，活動の変化があった

↗③ 具体的出来事の心理的負荷の強度が，労働時間を加味せずに「弱」程度と評価される場合であって，出来事の前及び後にそれぞれ恒常的な長時間労働(月 100 時間程度となる時間外労働)が認められる場合には，総合評価は「強」とする．

「弱」「中」「強」と判断する具体例

中	強
○仕事内容・仕事量の大きな変化を生じさせる出来事があった 【「中」である例】 • 担当業務内容の変更，取引量の急増等により，仕事内容，仕事量の大きな変化(時間外労働時間数としてはおおむね 20 時間以上増加し 1 月当たりおおむね 45 時間以上となるなど)が生じた	【「強」になる例】 • 仕事量が著しく増加して時間外労働も大幅に増える(倍以上に増加し，1 月当たりおおむね 100 時間以上となる)などの状況になり，その後の業務に多大な労力を費した(休憩・休日を確保するのが困難なほどの状態となった等を含む) • 過去に経験したことがない仕事内容に変更となり，常時緊張を強いられる状態となった
○ 1 か月に 80 時間以上の時間外労働を行った (注)他の項目で評価されない場合のみ評価する．	【「強」になる例】 • 発病直前の連続した 2 か月間に，1 月当たりおおむね 120 時間以上の時間外労働を行い，その業務内容が通常その程度の労働時間を要するものであった • 発病直前の連続した 3 か月間に，1 月当たりおおむね 100 時間以上の時間外労働を行い，その業務内容が通常その程度の労働時間を要するものであった
○ 2 週間(12 日)以上にわたって連続勤務を行った 【「中」である例】 • 平日の時間外労働だけではこなせない業務量がある，休日に対応しなければならない業務が生じた等の事情により，2 週間(12 日)以上にわたって連続勤務を行った(1 日あたりの労働時間が特に短い場合，手待時間が多い等の労働密度が特に低い場合を除く)	【「強」になる例】 •1 か月以上にわたって連続勤務を行った •2 週間(12 日)以上にわたって連続勤務を行い，その間，連日，深夜時間帯に及ぶ時間外労働を行った (いずれも，1 日あたりの労働時間が特に短い場合，手待時間が多い等の労働密度が特に低い場合を除く)
【解説】 変更後の勤務形態の内容，一般的な日常生活とのギャップ等から評価するが，「強」になることはまれ	
【解説】 仕事のペースの変化の程度，労働者の過去の経験等とのギャップ等から評価するが，「強」になることはまれ	

30	⑤対人関係	上司とのトラブルがあった		☆			【「弱」になる例】 • 上司から，業務指導の範囲内である指導・叱責を受けた • 業務をめぐる方針等において，上司との考え方の相違が生じた (客観的にはトラブルとはいえないものも含む)
31		同僚とのトラブルがあった		☆			【「弱」になる例】 • 業務をめぐる方針等において，同僚との考え方の相違が生じた (客観的にはトラブルとはいえないものも含む)
32		部下とのトラブルがあった		☆			【「弱」になる例】 • 業務をめぐる方針等において，部下との考え方の相違が生じた (客観的にはトラブルとはいえないものも含む)
36	⑥セクシュアルハラスメント	セクシュアルハラスメントを受けた		☆			【「弱」になる例】 • 「○○ちゃん」等のセクシュアルハラスメントに当たる発言をされた場合 • 職場内に水着姿の女性のポスター等を掲示された場合

(注) この評価表は，どのような出来事がどの程度の心理的負荷を与えるかの「指標」とされ，「弱」「中」「強」の三段階に分けられており，このうち，「強」に該当する場合には労災と判断される．逆に，この評価表で，「弱」「中」と評価されると，労災と判断されない．

○上司とのトラブルがあった 【「中」である例】 • 上司から，業務指導の範囲内である強い指導・叱責を受けた • 業務をめぐる方針等において，周囲からも客観的に認識されるような対立が上司との間に生じた	【「強」になる例】 • 業務をめぐる方針等において，周囲からも客観的に認識されるような大きな対立が上司との間に生じ，その後の業務に大きな支障を来した
○同僚とのトラブルがあった 【「中」である例】 • 業務をめぐる方針等において，周囲からも客観的に認識されるような対立が同僚との間に生じた	【「強」になる例】 • 業務をめぐる方針等において，周囲からも客観的に認識されるような大きな対立が多数の同僚との間に生じ，その後の業務に大きな支障を来した
○部下とのトラブルがあった 【「中」である例】 • 業務をめぐる方針等において，周囲からも客観的に認識されるような対立が部下との間に生じた	【「強」になる例】 • 業務をめぐる方針等において，周囲からも客観的に認識されるような大きな対立が多数の部下との間に生じ，その後の業務に大きな支障を来した
○セクシュアルハラスメントを受けた 【「中」である例】 • 胸や腰等への身体接触を含むセクシュアルハラスメントであっても，行為が継続しておらず，会社が適切かつ迅速に対応し発病前に解決した場合 • 身体接触のない性的な発言のみのセクシュアルハラスメントであって，発言が継続していない場合 • 身体接触のない性的な発言のみのセクシュアルハラスメントであって，複数回行われたものの，会社が適切かつ迅速に対応し発病前にそれが終了した場合	【「強」になる例】 • 胸や腰等への身体接触を含むセクシュアルハラスメントであって，継続して行われた場合 • 胸や腰等への身体接触を含むセクシュアルハラスメントであって，行為は継続していないが，会社に相談しても適切な対応がなく，改善されなかった又は会社への相談等の後に職場の人間関係が悪化した場合 • 身体接触のない性的な発言のみのセクシュアルハラスメントであって，発言の中に人格を否定するようなものを含み，かつ継続してなされた場合 • 身体接触のない性的な発言のみのセクシュアルハラスメントであって，性的な発言が継続してなされ，かつ会社がセクシュアルハラスメントがあると把握していても適切な対応がなく，改善がなされなかった場合

（出典）厚生労働省労働基準局長「心理的負荷による精神障害の認定基準について」(http://www.mhlw.go.jp/bunya/roudoukijun/rousaihoken04/dl/120118a.pdf)

主要引用・参考文献一覧

第1章

川人博『過労自殺』(初版)，岩波新書，1998年

川人博『過労自殺と企業の責任』旬報社，2006年

エドワード・ヨードン『デスマーチ――なぜソフトウエア・プロジェクトは混乱するのか』松原友夫／山浦恒央訳，シイエム・シイ出版部，2001年

樋口範雄『医療と法を考える――救急車と正義』有斐閣，2007年

植山直人『起ちあがれ！　日本の勤務医よ――日本医療再生のために』あけび書房，2011年

第2章

高橋祥友『自殺予防』岩波新書，2006年

高橋祥友『自殺の心理学』講談社現代新書，1997年

大野裕『「うつ」を治す』PHP新書，2000年

加藤敏編著『職場結合性うつ病』金原出版，2013年

宮島喬『デュルケム自殺論』有斐閣新書，1979年

デュルケーム『自殺論』宮島喬訳，中公文庫，1985年

井上達夫「個人権と共同性――「悩める経済大国」の倫理的再編」(加藤寛孝編『自由経済と倫理』成文堂，1995年所収)

山本茂実『あゝ野麦峠――ある製糸工女哀史』(新版)，朝日新聞社，1972年

細井和喜蔵『女工哀史』岩波文庫，1954年

福原義柄『社会衛生学』(訂正第2版)，南江堂書店，1919年

井出孫六「戦後史　その虚妄と実像を歩く　その十五　近江絹糸・組合の誕生」(『世界』1989年11月号所収)，井出孫六『ルポルタージュ戦後史』(上・下)，岩波書店，1991年

第3章

川人博／平本紋子『過労死・過労自殺労災認定マニュアル――Q&Aでわかる補償と予防』旬報社，2012年

川人博「ケアと自殺対策」(広井良典編著『講座ケア　新たな人間――社会像に向けて1　ケアとは何だろうか　領域の壁を越えて』ミネルヴァ書房，2013年所収)
竹山道雄『ビルマの竪琴』新潮文庫，1959年
入江杏『悲しみを生きる力に――被害者遺族からあなたへ』岩波ジュニア新書，2013年
原田憲一『精神に関わる労災認定の考え方と実際上の問題点』(『精神科治療学』2007年1月号所収)
佐久間大輔『労災・過労死の裁判』日本評論社，2010年
熊沢誠『働きすぎに斃れて――過労死・過労自殺の語る労働史』岩波書店，2010年
川人博／山下敏雅『地方公務員の公務災害制度の問題点』(『季刊教育法』第179号所収)

第4章

森岡孝二『過労死は何を告発しているか――現代日本の企業と労働』岩波現代文庫，2013年
山本勲／黒田祥子『労働時間の経済分析――超高齢社会の働き方を展望する』日本経済新聞出版社，2014年
肥田美佐子「米国では「残業代ゼロ見直し」へ」(『週刊東洋経済』2014年5月24日号所収)
藤本正『ドキュメント「自殺過労死」裁判――24歳夏アドマンの訣別』ダイヤモンド社，1996年
植田正也『電通「鬼十則」』日新報道，2001年
山下格『精神医学ハンドブック――医学・保健・福祉の基礎知識』(第7版)，日本評論社，2010年
川人博／高橋祥友編著『サラリーマンの自殺――今，予防のためにできること』(岩波ブックレット No. 493)，岩波書店，1999年
天笠崇『成果主義とメンタルヘルス』新日本出版社，2007年
中央労働災害防止協会／労働者の自殺予防マニュアル作成検討委員会編著『職場における自殺の予防と対応』(2007年改訂版)，中央労働災害防止協会，2007年
全国過労死を考える家族の会編『日本は幸福か――過労死・残され

た 50 人の妻たちの手記』教育史料出版会，1991 年
宮里邦雄／川人博／井上幸夫『就活前に読む──会社の現実とワークルール』旬報社，2011 年
マックス・ヴェーバー『プロテスタンティズムの倫理と資本主義の精神』(改訳版)，大塚久雄訳，岩波文庫，1989 年
吉越浩一郎『「残業ゼロ」の仕事力』(新装版)，日本能率協会マネジメントセンター，2011 年
吉越浩一郎『「残業ゼロ」の人生力』(新装版)，日本能率協会マネジメントセンター，2011 年
山田昭男『ホウレンソウ禁止で 1 日 7 時間 15 分しか働かないから仕事が面白くなる』東洋経済新報社，2012 年
小室淑恵『6 時に帰るチーム術──なぜ，あの部門は「残業なし」で「好成績」なのか?』日本能率協会マネジメントセンター，2008 年
中谷常二編著『公益ビジネス研究叢書　ビジネス倫理学』晃洋書房，2007 年
田中滋／川渕孝一／河野敏鑑編著『会社と社会を幸せにする健康経営』勁草書房，2010 年
濱口桂一郎『若者と労働──「入社」の仕組みから解きほぐす』中公新書ラクレ，2013 年
乾彰夫『若者が働きはじめるとき──仕事，仲間，そして社会』日本図書センター，2012 年
真木悠介『時間の比較社会学』岩波現代文庫，2003 年
金子勝／神野直彦『失われた 30 年──逆転への最後の提言』NHK 出版新書，2012 年
野中郁江／全国労働組合総連合編著『ファンド規制と労働組合』新日本出版社，2013 年
ジュリエット・B・ショア『浪費するアメリカ人──なぜ要らないものまで欲しがるか』森岡孝二監訳，岩波現代文庫，2011 年
セネカ『生の短さについて　他二篇』大西英文訳，岩波文庫，2010 年